Antje Szillat

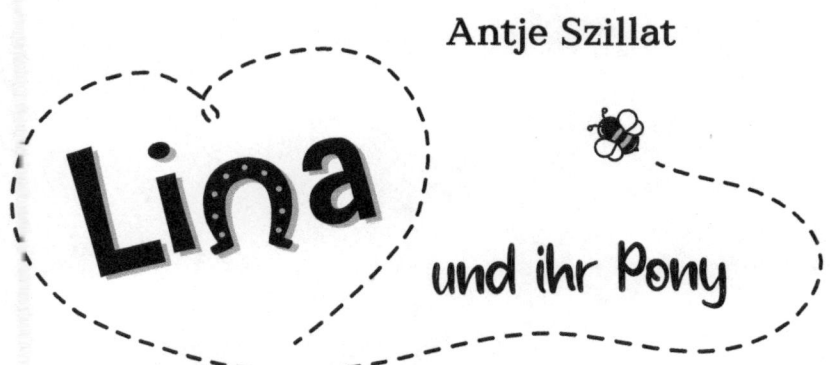

Lina

und ihr Pony

SCHNEIDERBUCH

1. Auflage 2022
Originalausgabe
© 2022 Schneiderbuch in der
Verlagsgruppe HarperCollins Deutschland GmbH, Hamburg
Alle Rechte vorbehalten

Dieses Werk wurde vermittelt durch
die Literarische Agentur Thomas Schlück GmbH, 30161 Hannover
Umschlaggestaltung: Deborah Kuschel
mit einem Schriftdesign von Helene Hillebrand
Umschlag- und Innenillustrationen: Jutta Berend
Lektorat: Katja Korintenberg
Gesetzt aus der Caecilia
von GGP Media GmbH, Pößneck
Druck und Bindung: GGP Media GmbH, Pößneck
Printed in Germany · ISBN 978-3-505-15003-6

www.schneiderbuch.de
Facebook: facebook.de/schneiderbuch
Instagram: @schneiderbuchverlag

Für Leni - die echte Lina!

»Viel Spaß bei den Pferden, Lina«, sagt Mama und lächelt mich fröhlich an. »Und denk daran, Papa holt dich heute ausnahmsweise ab.«

»Ja, Mama, das weiß ich doch.« Schwungvoll stoße ich die Autotür auf und steige aus. Einen kurzen Moment schaue ich dem davonfahrenden Auto noch hinterher, dann wende ich mich zu dem Pferdehof der Familie Bartels um. Mmh, wie ich diesen süßlich warmen Pferdestallduft doch liebe, von dem ich sofort umweht werde, als ich den Hof überquere. Es gibt einfach nichts, das besser riecht.

Okay, Mama und Papa sind da komplett anderer Meinung. Aber das liegt daran, dass sie nicht so pferdeverrückt wie ich sind. LEIDER! Und weil das so ist, muss ich meine Reitsachen im Keller aufbewahren. Mama findet nämlich, sie würden stinken, und Papa behauptet steif und fest, die Haare daran kribbeln ihm ganz schrecklich in der Nase.

Ich finde ja, dass meine Eltern total übertreiben. Doch solange sie nicht auf die Idee kommen, mir deshalb das Reiten zu verbieten, ist es mir ziemlich egal, dass sie meine übergroße Pferdeliebe nicht mit mir teilen.

Während ich jetzt vergnügt über den Hof laufe, drücke ich mir selbst ganz fest die Daumen, dass ich früh genug dran bin. Ich will heute unbedingt wieder Rico reiten. Der dunkelbraune Wallach ist nämlich mein absolutes Lieblingspferd auf dem Hof der Bartels. Wenn ich meine Reitlehrerin Martha als Erste bitte, ihn mir

nehmen zu dürfen, habe ich fast immer das Glück, dass sie Ja sagt.

Früher, also vor zwei Jahren, als ich mit dem Reiten angefangen habe, war das noch nicht so. Martha hat meine Reitfreunde und mich fast jedes Mal ein anderes Pony oder Pferd reiten lassen. Es war ihr nämlich wichtig, dass wir uns nicht auf ein bestimmtes Pferd einstellen, sondern mit jedem klarkommen. Doch inzwischen sind wir ja längst keine Reitanfänger mehr, und Martha gibt unseren Pferdewünschen meistens nach.

Doch als ich um das längliche Stall-gebäude herumlaufe, sehe ich Martha vor dem großen Tor stehen – und leider auch Selma, Franzi und Joshi. Mist!

Nur ich fehle noch, dann ist unsere Mittwoch-15-Uhr-Gruppe vollständig. Ich bin mir ziemlich sicher, dass Selma längst gefragt hat, ob sie Rico reiten darf.

»Hi«, grüße ich in die Runde und ringe mir ein Lächeln ab.

»Hallo, Lina«, erwidert Martha meinen Gruß. Die anderen hingegen bekommen kaum den Mund auf. Sie stehen einfach da, lassen die Schultern hängen und machen lange Gesichter.

Verwundert rücke ich ganz nah an Joshis Seite und raune ihm zu: »Was ist denn hier los? Warum guckt ihr alle so … bedröppelt?«

Ich rechne fest mit irgendeiner lustigen Antwort. Joshi ist nämlich der Scherzkeks unserer Gruppe und macht ständig irgendwelche schrägen Sprüche. Doch heute ist alles anders. Joshi hört sich richtig geknickt an, als er zurückflüstert: »Martha hat uns gerade gesagt, dass das heute unsere letzte Reitstunde ist.«

»Was?« O nein, hört sie etwa als Reitlehrerin auf? Das ist wirklich schade, denn ich mag Martha unheimlich gern. Alles, was ich kann, habe ich von ihr gelernt, und damit meine ich nicht nur das Reiten. Martha ist es genauso wichtig, dass wir auch »am Boden« gut mit unseren Pferden zurechtkommen und nicht etwa aufgrund von Unwissenheit irgendwelche Fehler machen. Einfach aufs fertig gesattelte und getrenste Pferd setzen und losreiten, so etwas gibt es bei Martha nicht.

»Ich möchte, dass ihr euer Schulpferd wie euer eigenes Pferd behandelt und auch lernt, Verantwortung zu übernehmen«, hat sie gleich in der ersten Reitstunde zu uns gesagt. Wir sind also dafür zuständig, unsere Pferde vorm Reiten ordentlich zu putzen, ihre Hufe auszukratzen und dann natürlich auch, sie zu satteln und die Trense anzulegen. Ich find's super, denn dadurch fühlt es sich ein kleines bisschen so an, als wäre Rico mein eigenes Pferd.

Was für eine traumhafte Vorstellung. Zu schön! Aber leider nur ein Traum.

»Oje, ich werde Martha irre vermissen. Was ist denn passiert, dass sie aufhört?«, sage ich zu Joshi und bin wirklich traurig.

Joshi sieht mich an. Seine hellblonden Augenbrauen ziehen sich total eng zusammen, und dazwischen bildet sich eine steile Falte.

»Du hast es nicht richtig verstanden, Lina. Wir sind nicht wegen Martha so geknickt. Es geht um die Reitschule. Sie wird geschlossen.«

Leise kichernd knuffe ich Joshi meinen Ellbogen in die Seite. »Soso, du Witzbold, und als Nächstes willst du mir weismachen, dass morgen Weihnachten ist.« Völlig klar, dass Joshi mich zu foppen versucht. Typisch Joshi eben!

»Leider ist das kein Witz, Lina«, mischt sich nun Martha in unsere leise Unterhaltung ein. »Der Hof wurde verkauft. Die Bartels fühlen sich langsam zu alt, um so ein großes Anwesen vernünftig in Schuss zu halten. Ihre Tochter Marie lebt seit vielen Jahren in der Großstadt und möchte nicht wieder zurück aufs Land. Also haben sie schon eine Weile nach einem Käufer gesucht und nun tatsächlich jemanden gefunden.«

»Und … und wer ist das?«, stottere ich vollkommen fassungslos.

»Eine Familie aus der Nähe von Berlin. Leider haben die neuen Besitzer kein Interesse daran, die Reitschule weiterzuführen. Sie wollen sich stattdessen ganz auf ihre Pferdezucht konzentrieren.«

»Und die Schulpferde werden verkauft«, fügt Franzi mit Grabesstimme hinzu. »Die *tollen* neuen Hofbesitzer wollen sie nämlich nicht haben, und die Bartels können sie nicht mitnehmen, weil sie zu ihrer Tochter in die Stadt ziehen werden.«

»Verkauft?!«, hauche ich. Rico soll verkauft werden? Der Gedanke ist so schrecklich, dass mir die Tränen in die Augen schießen. »Aber ... aber an wen?«

Martha zuckt mit den Schultern. »Ich hoffe doch, dass sie in gute Hände kommen. Und so wie ich Frau und Herrn Bartels kenne, werden sie darauf großen Wert legen. Es fällt ihnen wirklich nicht leicht, das alles hier aufzugeben.«

»Aber es zwingt sie doch keiner dazu!«, ruft Selma halb ärgerlich, halb verzweifelt aus.

Martha atmet tief durch. »Selma, Herr Bartels wird im Sommer sechsundsiebzig Jahre alt. Seine Frau ist zwar um einiges jünger, doch seit sie diesen schlimmen Fahrradunfall hatte, ist sie ja körperlich schon sehr eingeschränkt. Ich kann gut verstehen, dass die beiden sich allmählich zur Ruhe setzen möchten.«

»Wir können ihnen doch helfen«, kommt es mir plötzlich in den Sinn. »Ich meine, nicht nur am Mittwoch, wenn wir Unterricht haben. Ich könnte bestimmt auch an anderen Tagen hierherkommen und ...«

»Stopp, Lina.« Martha hebt die Hand. »Das ist wirklich lieb von dir gemeint. Aber ihr habt keine Vorstellung davon, *wie viel* Arbeit so ein großes Anwesen wie dieses hier bedeutet. Außerdem ist es eh zu spät. Die Bartels haben alles verkauft. Unwiderruflich.«

13

»Und wir werden Luzie, Rico, Charly, Haptan, Bronco, Libelle, Fanny und Lord niemals wiedersehen, weil sie sonst wo landen«, vermutet Franzi mit tieftrauriger Miene.

Martha legt Franzi tröstend die Hand auf die Schulter. »Ich bin mir wirklich sicher, dass sich für jedes Schulpferd ein gutes neues Zuhause finden wird.«

Darauf weiß niemand mehr etwas zu sagen. So stehen wir im Halbkreis zusammen, und jeder von uns hängt seinen eigenen Gedanken nach.

Schließlich klatscht Martha betont fröhlich in die Hände und ruft: »Ich habe aber noch ein kleines Abschiedsgeschenk für euch. Ihr müsst die Köpfe also nicht ganz so tief hängen lassen.«

»Du hast uns nur veräppelt«, hofft Joshi. »Genau, du wolltest wenigstens einmal so lustig sein, wie ich es sonst immer bin!«

Martha schüttelt den Kopf. »Leider, leider war das kein Scherz, Joshi. Glaub mir, ich bin auch sehr, sehr traurig darüber. Das Geschenk ist ein Ausritt, den ich jetzt gleich mit euch machen möchte.«

»Ein Abschiedsausritt«, flüstert Franzi, schlägt sich die Hände vors Gesicht und fängt leise zu weinen an.

Ich könnte auf der Stelle mitweinen. Ich fühle mich so elend wie nie zuvor in meinem Leben. Ein letzter

Ritt! Ein letztes Mal in Ricos Sattel sitzen. Ein letztes Mal über seine weichen Nüstern streichen. Ihn ein letztes Mal wiehern hören.

Mein Liebling Rico, was wird wohl aus ihm werden?

**2**

Rico stupst mich auffordernd mit seiner weichen Nase an. Ich kraule ihn unter der Mähne, direkt hinter den Ohren, wo sein Fell ganz warm und weich ist und so gut duftet. Wie eine Streublumenwiese.

Okay, das ist eindeutig der Moment, in dem mein Herz endgültig entzweibricht, ach was, in tausend kleine Stücke zerspringt.

»Es tut mir so leid, Rico«, sage ich leise zu ihm. »Ich kann mir gar nicht vorstellen, wie es ohne dich sein wird. Wie das gehen soll.«

Rico mustert mich, als hätte er jedes Wort verstanden, dann wiehert er.

»Er mag dich richtig gern, Lina«, sagt Selma, die neben uns am Anbinder die kleine Fuchsstute Cinderella putzt. »Von allen Reitschülern hat er dich am allerliebsten.«

Mein Herz klopft immer lauter und schneller. Dabei dachte ich bis jetzt, dass ein zersprengtes Herz gar nicht mehr schlagen kann.

Mit langen kräftigen Strichen beginne ich, Rico zu striegeln. Augenblicke später stehe ich mitten in einer Wolke aus Staub und Pferdehaaren – ein letztes Mal.

Die anderen sind längst mit dem Satteln fertig, da kratze ich immer noch Ricos Hufe aus. Ich will mich nicht beeilen. Ich will jeden Moment mit Rico genießen.

»Hopp, hopp, Lina«, fordert Martha mich schließlich auf. »Am Himmel braut sich was zusammen. Wenn wir nicht bald loskommen, dann war's das mit dem Abschiedsausritt.«

»Ja, ich beeile mich ...«, behaupte ich und mache dann genauso langsam weiter wie bisher.

Als ich Rico schließlich durch das Stalltor auf den Innenhof führe, ist der Himmel über uns fast schwarz. Martha blickt sorgenvoll hinauf und schüttelt dann den Kopf.

»Ne, tut mir leid, aber das möchte ich nicht riskieren. Dann also doch eine letzte Reitstunde in der Halle.«

»Wenn ich nicht so langsam gemacht hätte ...«, murmele ich schuldbewusst.

»Hätte uns das Gewitter mitten in der Feldmark überrascht«, ist sich Martha inzwischen sicher und lächelt mich aufmunternd an. »Alles gut so, Lina.«

Ich nicke. Dabei ist das der größte Blödsinn aller Zeiten. Nichts ist gut!

Nacheinander führen wir unsere Pferde in die Halle und gehen noch ein paar Runden im Kreis, bevor wir in der Mitte nebeneinander anhalten.

Ich klopfe Ricos Hals, steige auf den Hocker und von dort aus mit dem linken Fuß in den Steigbügel. Schließlich schwinge ich mich so sanft wie möglich in Ricos Sattel.

Was für ein traumhaftes Gefühl! Das ist einfach mit nichts auf der Welt vergleichbar.

Behutsam nehme ich Ricos Zügel etwas auf und treibe ihn mit leichtem Schenkeldruck auf den Zirkel.

»Kopf hoch, Schultern zurück, Ellbogen an den Körper!«, ruft Martha Joshi zu, weil er wie ein nasser Sack im Sattel seines Wallachs Haptan hängt.

»Ist doch jetzt eh egal«, gibt Joshi zurück. »Ich werde sowieso nicht weiterreiten.«

»Unsinn, warum das denn?« Martha schüttelt den Kopf.

Joshi nimmt die Zügel in eine Hand und deutet mit der anderen um sich herum. »Wo denn, bitte schön? Ich will mit meinen Freunden zusammenbleiben, und außer dieser Reitschule gibt es weit und breit keinen Stall, wo man Reitunterricht nehmen kann. Zumindest nicht, wenn man kein eigenes Pferd hat.«

»Ja, das ist wirklich so«, stimmt Franzi ihm geknickt zu. »Ich werde sicher auch nicht weiterreiten können.«

»Nun gebt nicht gleich auf«, versucht Martha uns aufzubauen. »Es wird sich bestimmt etwas Neues für euch alle ergeben. Ihr müsst nur Augen und Ohren offenhalten. Vielleicht findet ihr ja auch eine Reitbeteiligung.«

»Ach was«, ruft Selma. »Die meisten wollen keine Kinder, sondern nur richtig erfahrene Reiter. Außerdem ist das eh viel zu teuer.«

»Nicht immer«, behauptet Martha, ohne uns aber jemanden zu nennen, der so etwas möglich machen würde. Na ja, ich denke, sie will uns einfach nur trösten. »Und nun konzentriert euch bitte aufs Reiten. Joshi, du gehst mit Haptan an die Tete, dahinter Selma mit Cinderella, Lina und Rico und Franzi mit Bronco ans Ende der Abteilung.«

»Noch was?«, brummt Joshi und grinst sie schief an.

Martha geht auf seinen neckenden Tonfall ein. »Jaaa, Joshi, es wäre fein, wenn du das Becken etwas vorschieben könntest. Und fall bitte nicht wieder ins Hohlkreuz! Vergiss nicht, deine Knie fest an den Sattel zu drücken. Deine Ferse ist dein tiefster Punkt. Deine Zehenspitzen sind nach vorn und leicht nach innen gestellt.«

»So oft wie du das schon zu mir gesagt hast, werde ich mich bestimmt noch in hundert Jahren daran erinnern«, ist sich Joshi sicher und stöhnt übertrieben.

»Das will ich doch stark hoffen, Joshi. Sonst ist ja all meine Mühe umsonst gewesen.« Martha lacht, doch wenn mich nicht alles täuschte, dann sind das Tränen, die da in ihren Augen glitzern.

Martha wird mir unfassbar fehlen. Und auch meine Reitfreunde und die unbeschwerte Zeit, die wir miteinander hier in der Reitschule verbracht haben. Doch am meisten werde ich die Ponys und Pferde vermissen, ganz besonders den lieben, wunderwunderschönen Rico.

»Hi, Linamaus, wie war's beim Reiten?«, fragt Papa, kaum dass ich im Auto auf der Rückbank Platz genommen habe.

»Schrecklich«, gebe ich ehrlich zurück.

»Was? Warum? Bist du etwa vom Pferd gefallen? Lina, ist dir etwas passiert? Hast du dir wehgetan?«, sorgt Papa sich sofort um mich.

»Viel schlimmer«, schniefe ich.

Nun dreht Papa sich auf seinem Sitz zu mir nach hinten um und erkennt natürlich sofort, dass mir die Tränen in den Augen stehen. »Lina, Schatz, o weh, nicht weinen«, versucht er mich zu trösten, muss dabei aber selbst gegen die Tränen ankämpfen. Papa kann uns einfach nicht weinen sehen. Mama sagt immer, harte Schale, ganz weicher Kern, weil Papa so groß und breitschultrig ist, aber innen drin ganz sanft und lieb. Deshalb kann er Anton und mir auch nur ganz selten etwas abschlagen.

»Nein, nein, Papa, ich bin nicht vom Pferd gefallen. Mir wurde nur gerade das Herz gebrochen … tausendfach …«, stöhne ich.

»Das Herz gebrochen? Aber warum denn nur und vor allem, von wem?«

Ich erzähle Papa vom Verkauf des Hofes und der Schließung der Reitschule. Er findet das auch total schade und kann meinen Kummer gut verstehen. Als ich schließlich auf den Verkauf der Schulpferde zu sprechen komme, muss ich es deshalb einfach wagen.

»Stell dir nur vor, alle müssen weg. Es ist so schlimm. Ganz besonders, weil ich Rico niemals wiedersehen werde, Papa. Niemals!«

Tröstend tätschelt Papa mir das Knie. »O Lina, das tut mir wirklich sehr leid für dich. Wenn es etwas gibt, das dich jetzt ein bisschen aufmuntern könnte, dann lass es mich wissen.«

Ich blicke ihm fest in die Augen. »Das gibt es, Papa.«

»Soll ich dich mal ganz fest in den Arm nehmen?«

»Ich habe eine bessere Idee, wir kaufen Rico einfach!«

Papa lacht auf. »Lina, wir können doch kein Pferd kaufen. Wo denkst du denn hin?!«

»Martha sagt, den Bartels ist der Platz wichtiger als der Preis. Wir würden also bestimmt nicht so viel für Rico bezahlen müssen«, rufe ich hoffnungsvoll aus.

Leider schüttelt Papa noch immer den Kopf. »Es geht nicht ums Geld, Lina. Es geht darum, dass weder Mama noch ich Ahnung von Pferden haben und wir deshalb auch keins kaufen werden. Aber ich verspreche dir, dass wir uns nach einer neuen Reitschule für dich umsehen. Und egal wie weit wir fahren müssen, du darfst auf jeden Fall weiterreiten, okay?!«

Trotzig verschränke ich die Arme vor der Brust. »Ich will aber Rico«, beharre ich und merke selbst, wie kindisch ich mich gerade anhöre.

»So kenne ich dich ja überhaupt nicht«, sagt Papa prompt. »Denk doch mal nach! Wohin sollen wir das Pferd denn, bitte schön, stellen? Wir haben schließlich keinen Stall. Außerdem bedeutet so ein Tier auch eine große Verantwortung. Du musst dich jeden Tag kümmern und nicht nur mittwochs wie in der Reitschule.«

»Das weiß ich doch alles, Papa«, gebe ich zurück. »Ich bin ja nicht doof.«

Papa brummt irgendetwas in seinen Bart, während er den Motor anlässt.

»Und was ist jetzt mit Rico?«, frage ich nach einer Weile.

Papa zuckt mit den Achseln. »Ich bin mir sicher, er wird ein gutes neues Zuhause finden ... aber definitiv nicht bei uns, Lina. Und nun lass es mal wieder gut sein.«

Wie oft denn noch: Nichts ist gut!

Die nächsten drei Tage bin ich so geknickt, dass ich mich nach der Schule sofort in mein Zimmer verziehe. Dort liege ich dann auf meinem Bett und starre die weiß getünchte Decke an. Vielleicht finde ich ja da oben irgendwann die Lösung für mein Problem?

Mama und Papa brauche ich nicht weiter mit Rico in den Ohren zu liegen. Das ist völlig klar. Nach vier missglückten Anläufen hat Mama gestern Abend richtig heftig auf den Küchentisch gehauen und erklärt: »Lina, egal wie sehr du uns anflehst und herumbettelst, wir werden Rico nicht kaufen. Schluss. Aus. Ende.«

Am Sonntag steht dann auf einmal Selma in meinem Zimmer. Sie lässt sich neben mich aufs Bett plumpsen und sagt: »Deine Mutter meint, dass du schmollst, weil sie dir Rico nicht kaufen wollen. Nicht dein Ernst, Lina, oder?!«

»Na und? Kannst du mich denn nicht verstehen?«

Selma stützt sich auf ihrem Ellbogen auf und sieht mich von der Seite an. »Ehrlich gesagt, nö. Ich möchte überhaupt kein eigenes Pferd haben. Es dauert nicht mehr lange, dann kommen wir auf die weiterführende Schule. Ich weiß von meinem großen Bruder, der aufs Marien-Gymnasium geht, dass man dann kaum noch Zeit für irgendetwas anderes hat. Wie willst du dich da noch jeden Tag um dein Pferd kümmern? Ne, Lina, das wäre mir echt zu anstrengend.«

Das wiederum kann *ich* nicht verstehen. Wie kann einem ein Pferd jemals zu anstrengend sein? Mir bestimmt nicht. Niemals.

Doch als ich das Selma sage, bleibt sie dabei: »Ein-, zweimal die Woche reiten, das ist klasse. Aber Tag für Tag, bei Wind und Wetter in den Stall zu seinem Pferd zu müssen, nö, das wäre mir zu viel.«

»Dann bist du eben kein richtiges Pferdemädchen«, finde ich.

Selma scheint das egal zu sein. »Ich bin auch nur gekommen, um dir zu sagen, dass alle Schulpferde verkauft sind.«

»WAS?« Wie angestochen springe ich vom Bett auf. »Woher weißt du das? Und Rico, er auch? An wen?«

Verdammt, jetzt kommen mir doch glatt schon wieder die Tränen.

»Martha hat es mir erzählt. Ich habe sie zufällig getroffen, und sie meinte, dass alle Pferde an eine andere Reitschule verkauft wurden. Sozusagen im Paket.«

»An welche? Irgendwo in der Nähe? Soll hier vielleicht eine Reitschule eröffnet werden? Können wir da womöglich auch wieder reiten?« Ein klitzekleiner Hoffnungsschimmer macht sich in mir breit.

Doch Selma schüttelt den Kopf, dass ihre dunklen Locken nur so fliegen. »Schön wäre es. Dann könnten wir einfach so weitermachen. Leider ist die Reitschule irgendwo in der Nähe von Kassel. Ich weiß nicht genau, wo Kassel liegt, aber Martha meinte, man fährt mit dem Auto mindestens zwei Stunden dorthin. Ich glaube nicht, dass meine Eltern mich jeden Mittwoch so weit fahren würden.«

»Meine schon!«, bin ich mir sicher. Papa auf jeden Fall. Mama, hm, ich schätze, sie würde mir 'nen Vogel zeigen.

»Lina, jetzt überleg doch mal, jeden Mittwoch vier Stunden im Auto sitzen. Das ist doch Quatsch.«

»Für Rico würde ich das gerne auf mich nehmen«, bleibe ich standhaft. »Weißt du denn die Adresse?«

Selma schüttelt erneut den Kopf. »Nö. Ich habe auch nicht danach gefragt. Aber die Pferde werden Montag früh abgeholt.«

»Was? Schon morgen? Das … das ist ja schrecklich.«

Selma hebt die Hände und lässt sie gleich wieder fallen. »Es ist nun mal so, Lina. Freu dich lieber für die Pferde, dass sie zusammenbleiben können. Martha meinte, es sei ein sehr guter Hof, auf den sie kommen. Und das ist doch das Wichtigste. Oder?«

Ich atme tief durch. Und nicke schließlich. »Ja, das ist es.«

Selma bleibt noch eine Weile, und wir quatschen über die schöne Zeit, die wir mit den Pferden im Stall gehabt haben.

»Ich werde das alles so vermissen«, sage ich – bestimmt nicht zum letzten Mal.

»Außer Joshis nervige Sprüche«, kichert Selma.

»Stimmt, die waren manchmal echt daneben. Aber sie werden mir trotzdem fehlen.«

»Mir auch …«, gibt Selma zu.

Als Selma sich kurz darauf verabschiedet, weil sie pünktlich zum Abendessen daheim sein soll, habe ich mir einen richtig guten Plan zurechtgelegt. Morgen früh werde ich mit dem Rad zur Schule fahren. Mama wird sich zwar etwas wundern, weil ich für die kurze Strecke nur ganz selten mein Rad aus dem Schuppen hole, aber verbieten wird sie es mir natürlich nicht. Ich habe nur nicht vor, zur Schule zu radeln. Ich will etwas tun, was ich noch nie getan habe: die Schule schwänzen!

***

Um halb neun erreiche ich den Hof der Bartels. Keine Minute zu früh, denn gerade fährt ein großer Pferdetransporter vor. Ein zweiter steht schon mit heruntergelassener Klappe direkt vor dem Stallgebäude. Ziemlich außer Atem steige ich von meinem Rad und schiebe es die Auffahrt entlang zum Tor. Kurz davor bleibe ich stehen. Ich bin mir nicht ganz sicher, was die Bartels zu meinem unangemeldeten Besuch auf ihrem Hof sagen werden. Schon möglich, dass sie es nicht gut finden, wenn ich einfach so auftauche. Aber eigentlich kann mir das vollkommen schnuppe sein. Die Reitschule wird eh geschlossen, und die Bartels ziehen fort. Die sehe ich wahrscheinlich nie wieder.

Rico auch nicht, aber das ist mir kein bisschen schnuppe. Ich muss mich von ihm verabschieden. Noch einmal seinen Hals an der Stelle kraulen, wo er es so gerne hat. Ich will ihn ein letztes Mal leise wiehern hören, so wie er es immer macht, wenn er am Ende einer Reitstunde nach einem Leckerli verlangt. Und dann will ich in seine großen braunen Augen blicken und ihm sagen, wie lieb ich ihn habe und wie schrecklich er mir fehlen wird.

Doch als ich mich schließlich wieder in Bewegung setze und mein Rad durch das große Hofgatter schiebe, da droht mein Plan in letzter Sekunde doch noch zu scheitern. Ich sehe, wie Rico von einem dunkelhaarigen Mann zu dem hinteren Pferdetransporter geführt wird. Drei, vier Schritte, dann werden sie auf der Transporter-Klappe sein und im Inneren verschwinden. Vor Schreck lasse ich mein Rad einfach los. Laut krachend fällt es auf das Kopfsteinpflaster, während ich schon losrenne.

»Rico!«, rufe ich laut. »Rico!«

Herr Bartels, der plötzlich vor mir steht, sieht mich kopfschüttelnd an, aber er lässt mich durch. Mehr als das: Er ruft dem Mann, der Rico gerade über die breite Rampe auf den Anhänger führen will, zu, bitte noch mal kurz zu warten.

»Da scheint sich noch jemand unbedingt verabschieden zu wollen«, erklärt er ihm.

Ich flitze auf die Rampe und schlinge meine Arme um Ricos Hals. Ich weine bittere Tränen in sein weiches warmes Fell, und alle bekommen es mit. Aber das ist mir völlig egal. Was zählt, ist, dass ich ihm wenigstens noch zuflüstern kann, wie sehr ich ihn lieb habe und wie schwer es mir fällt, ihn gehen lassen zu müssen.

»Ich werde dich nie vergessen, Rico«, schluchze ich leise. »Niemals.«

Der Mann legt mir die Hand auf die Schulter. Aber nicht, um mich wegzuziehen, sondern um mich zu trösten.

»Du musst dir keine Sorgen um den schönen Jungen machen. Bei uns auf dem Hof wird er es sehr gut haben.«

Durch einen Tränenschleier hindurch schaue ich ihn an. »Versprechen Sie mir das?«

Der Mann nickt. »Ja, das verspreche ich dir.«

Kurze Zeit später fahren die beiden Pferdetransporter mit den acht Ponys und Pferden der ehemaligen Reitschule Bartels vom Hof. Ich stehe neben Frau Bartels, die aus dem Haus gekommen ist und sich mit dem Zeigefinger verstohlen die Tränen aus den Augen tupft.

»Wenn Sie so traurig sind, warum haben Sie die Pferde dann verkauft … den Hof?«, frage ich sie, und vielleicht höre ich mich dabei ein kleines bisschen vorwurfsvoll an.

Doch Frau Bartels nimmt es mir nicht übel, sie lächelt freundlich. »Weil mein Mann und ich Pferde lieben, aber unseren einfach nicht mehr gerecht werden können.«

Hm, darüber muss ich noch eine Weile nachdenken, um es wirklich zu verstehen.

Ich will mich gerade umdrehen und zu meinem Rad gehen, da sagt Frau Bartels: »Du bist jung und wirst dich noch oft in ein Pferd verlieben. Aber die allererste Pferdeliebe, das kannst du mir glauben, die vergisst man nie mehr.«

Ich nicke. Ganz sicher werde ich Rico niemals vergessen, und das ist tatsächlich ein ziemlich tröstlicher Gedanke.

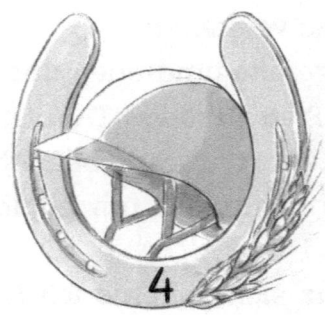

**4**

»Verdammt«, fluche ich, während ich mich suchend umsehe. An irgendeiner Stelle muss ich mich verfahren haben. Am klügsten wäre es bestimmt, genau dorthin zurückzuradeln. Nur leider weiß ich nicht, von wo genau ich hergekommen bin. Was echt kein Wunder ist, weil ich die ganze Zeit weinen muss und hier sowieso alles gleich aussieht. Felder, Wiesen, Äcker, dazwischen schmale Wege, die sich kreuz und quer durch die Feldmark schlängeln.

So ein verflixter Blödmist aber auch. Wenn ich hier noch ewig herumirre, dann bin ich niemals vor Papa, der mittags immer Anton aus dem Kindergarten abholt, zu Hause. Tja, und dann wird es total schwer, noch zu behaupten, dass mir auf dem Schulweg auf einmal so schlecht geworden ist, dass ich gleich wieder nach Hause radeln und mich sofort ins Bett legen musste.

»So ein doofer, doofer Tag«, rege ich mich laut auf und prüfe noch mal ganz genau alle Richtungen. Dort hinten, die acht Windkrafträder! Wenn ich aus meinem Zimmerfenster schaue, dann kann ich in der Ferne genau diese Windräder erkennen. Das kann doch nur bedeuten, dass ich …

HILFE – was ist das? Aus dem Augenwinkel sehe ich, dass irgendetwas auf mich zugerast kommt, und springe in allerletzter Sekunde zur Seite. Dummerweise ist dort ein Graben, in dem meterhohe Brennnesseln stehen. Mit einem erschrockenen Schrei lande ich mittendrin.

»O nein, das tut weh«, stöhne ich. So rasch wie möglich versuche ich, aus dem Graben zu klettern, ohne mich dabei noch mehr an dem Zeug zu verbrennen – was mir leider nicht so ganz glückt. Aber das Piksen und Brennen ist sofort vergessen, als ich erkenne, was mich da gerade fast umgerannt hat. Ein Pferd! Und nein, das bilde ich mir nicht ein, weil ich so traurig wegen Rico bin. Was da gerade im Jagdgalopp quer über den Acker davongaloppiert, ist hundertprozentig ein Pferd.

»Hallo!«, rufe ich. »Ist hier jemand?« Ganz allein wird das Pferd ja kaum unterwegs sein. Oder ist es vielleicht von einer Koppel ausgebüxt?

Wie auch immer, ich muss dem Pferd hinterher! Doch mit dem Rad über den Acker zu fahren, ist so gut wie unmöglich. Das brauche ich gar nicht erst zu probieren. Also bleibe ich auf dem Feldweg, der glücklicherweise um den Acker herumführt, und trete ordentlich in die Pedale.

Eine ganze Weile kann ich das Pferd noch sehen, doch dann wird es immer kleiner und kleiner und verschwindet schließlich ganz aus meinem Sichtfeld. Ich bin einfach zu langsam, und der Weg außen um den großen Acker herum ist natürlich dreimal so lang wie der, den das Pferd nimmt.

»Mist!«, schimpfe ich und steige keuchend vom Rad. Ich habe mich völlig verausgabt, und das leider für nichts und wieder nichts. Denn das Pferd ist verschwunden.

Jetzt bin ich ihm ewig lang hinterhergeradelt, mit dem einzigen Ergebnis, dass ich mich nur noch mehr verfahren habe.

Wobei ... hey, was sehe ich denn da? Das ist doch der Kirchturm von Kleeberg! Es stimmt also doch, was ich vorhin schon mal vermutet habe: Ich bin anscheinend einen großen Bogen gefahren und komme jetzt von einer ganz anderen Seite nach Kleeberg.

»Immerhin etwas«, murmele ich und schwinge mich wieder auf mein Rad. Natürlich geht mir das Pferd nicht aus dem Kopf, und ich schaue mich auch immer wieder suchend nach ihm um. Doch es bleibt verschwunden, und ich habe auch keine Idee, wo es stecken könnte. In Kleeberg gibt es keine Pferde. Leider. Und in den direkten Nachbarorten auch nicht, soweit ich weiß. Das kann nur bedeuten, dass es von sehr weit her angaloppiert gekommen sein muss.

Hm ... aber hat es nicht ein bisschen wie Cinderella ausgesehen? Zumindest was ich von hinten so erkennen konnte.

Ein Stromschlag geht durch meinen Körper. Auf einmal bin ich wie elektrisiert. Genau, das ist es: Die Ponys und Pferde der Reitschule Bartels sind vom Pferdetransporter geflohen!

»Rico will bei mir bleiben«, sage ich laut zu mir selbst. Aber schon im nächsten Moment wird mir bewusst, wie unwahrscheinlich dieser Gedanke ist. Trotzdem habe ich das Gefühl, jetzt noch dringender nach dem Pferd suchen zu müssen. Am besten, ich fahre schnell nach Hause und rufe in der Reitschule an. Vielleicht kann von dort jemand helfen.

Also trete ich noch mal richtig kräftig in die Pedale. Ich bin noch nicht weit gekommen, da bremse ich so jäh, dass ich beinah schon wieder in den Graben plumpse. Dort, wo der Acker endet, beginnt hinter einer Feldhecke eine riesige Heuwiese, die sich bis zum Dorfrand erstreckt. Ziemlich genau in der Mitte der Wiese steht das Pferd und grast in Allerseelenruhe.

»Da bist du ja!« Vorsichtig lege ich mein Rad ins Gras und nähere mich dem Ausreißer. Das Fuchspony mag um die 145 Zentimeter hoch sein, ist recht kräftig gebaut, mit stabilen Beinen und einem ziemlich muskelbepackten Hals. Ein Welsh-C-Pony, darauf könnte ich schwören. Inzwischen hat das Pony mich bemerkt, hebt den Kopf und schaut neugierig zu mir rüber. Seine dunklen Augen blitzen frech unter einem ziemlich buschigen Schopf hervor, der in alle Himmelsrichtungen absteht. Mähne und Schweif sind lang und wild und haben bestimmt schon ewig keine Bürste mehr gesehen. Vorsichtig mache ich einen weiteren Schritt auf das Pony zu.

»Hallo, Pony!«, rufe ich ihm leise zu. »Was machst du hier?«

Natürlich antwortet es mir nicht. Wäre ja auch noch verrückter. Doch es schaut die ganze Zeit aufmerksam zu mir her. Mir fallen die Leckerlis in meiner Hosentasche ein, die eigentlich für Rico gedacht waren. Doch in der ganzen Hektik vorhin habe ich vergessen, sie ihm zu geben. Behutsam krame ich sie hervor, lege mir eines davon auf die flache Hand und strecke sie dem Pony entgegen. Tatsächlich lässt es sich dazu verleiten, ein paar vorsichtige Schritte auf mich zuzumachen.

»Braves Pferdchen, so ist es richtig«, rede ich beruhigend auf das Fuchspony ein. »Komm zu mir ...«

Als wir nur noch einen großen Schritt voneinander entfernt sind, macht das Pony seinen Hals ganz lang und klaubt mit seiner rauen Oberlippe ganz vorsichtig das Leckerli von der Hand.

»Was bist du nur für ein schöner Junge«, rede ich weiter auf das Pony ein und will in meinem Übermut sanft seine Nase berühren. Doch das ist wohl zu viel des Guten. Schnaufend macht es auf der Hinterhand kehrt und galoppiert dann mit dröhnenden Hufen quer über die Heuwiese davon. Weit weg von mir bleibt es stehen und beginnt sofort wieder zu grasen. Mir schenkt es keinerlei Beachtung mehr.

Einen Moment lang überlege ich, ob ich vielleicht doch schnell nach Hause radeln sollte, um irgendetwas zu holen, womit ich es einfangen könnte. Es trägt weder Halfter noch Strick, und selbst wenn es mich noch mal so nah an sich heranlassen sollte, so wüsste ich nicht, wie ich es am erneuten Abhauen hindern könnte. Das kräftige Fuchspony sieht mir nicht so aus, als würde ein Griff in seine zottelige Mähne es dazu bewegen können, mit mir zu kommen.

Doch ich entscheide mich dagegen. Das Risiko, dass es einfach weiterläuft und ich es dann komplett aus den Augen verliere, ist mir zu groß. So gehe ich langsam über die Wiese, setze mich mit einigem Abstand ins Gras und warte.

Das Pony tut so, als bemerkte es mich nicht, kommt aber dennoch, heftig Gras rupfend und kauend, vorsichtig näher. Bald ist es nur noch wenige Schritte von mir entfernt. Erneut beginne ich, es mit ruhiger Stimme anzusprechen und mit dem nächsten Leckerli zu locken. Das Fuchspony streckt den Hals, erreicht aber meine Hand nicht. Es wagt einen weiteren Schritt vor, dieses Mal aber nur mit den Vorderbeinen, sodass es in einer wirklich lustig anzusehenden gestreckten Position dasteht.

Doch kaum hat es sich das Leckerli von meiner Hand geholt, da fährt es erschrocken zusammen und hetzt quer über die Wiese dorthin zurück, wo es das erste

Leckerli von mir bekommen hat und wo mein Rad ganz in der Nähe auf dem Feldweg liegt.

Meine Güte, was für ein scheues Tier, kann ich nur denken. Es scheint bisher nicht die besten Erfahrungen mit Menschen gemacht zu haben.

Wie lange ich schon im Gras gesessen und dabei das Fuchspony nicht aus den Augen gelassen habe, weiß ich nicht mehr. Eine gefühlte Ewigkeit – ohne Armbanduhr, die ich blöderweise heute Morgen vor Aufregung auf meinem Nachtschränkchen vergessen habe. Aber inzwischen habe ich einen neuen Plan geschmiedet und dafür schon die Schnürsenkel aus meinen Turnschuhen herausgefriemelt und sie zu einem langen Band zusammengeknüpft.

Jetzt muss ich nur noch das Pony wieder nah genug zu mir locken und ihm dann blitzschnell die Schnürsenkel-Leine um seinen Hals werfen. Anschließend werde ich es zu mir nach Hause führen und dann ... tja, bestimmt das Donnerwetter meines Lebens von Mama oder Papa zu hören bekommen. Die Schule muss längst zu Ende sein, und ich bin nicht zu Hause. Auweia.

Aber ich kann doch das Pony nicht einfach sich selbst überlassen. Ein Pony ohne Halfter und Strick und weit und breit niemand, zu dem es gehört. Mama und Papa müssen ja wohl einsehen, dass ich gar nicht anders handeln konnte.

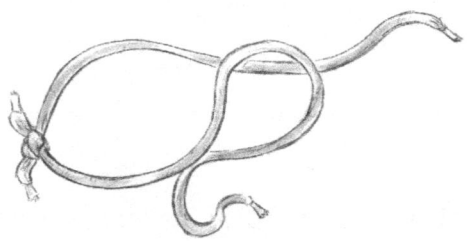

Nur leider will das Pony bei meinem Plan nicht mitmachen. Es lässt sich nicht einmal von dem dritten (und letzten) Leckerli auf meiner ausgestreckten Hand anlocken.

Und so ganz allmählich beginne ich, mir Sorgen zu machen, weil ich ahne, dass Mama und Papa sich ihrerseits bestimmt schon sehr um mich sorgen.

»Nun gib dir doch endlich einen Ruck, Pony«, fordere ich es auf. »Wir können doch nicht ewig hier auf der Wiese bleiben, also ich zuminde...« Mitten im Wort verstumme ich. Da kommt nämlich ein großer Geländewagen quer über die Wiese gefahren, und zwar direkt auf mich und das Pony hinter mir zu.

Schnell springe ich auf und wedele wild mit den Armen in der Luft herum. Ich habe wirklich Angst, dass der Querfeldeinfahrer uns noch umfährt, bei dem Tempo, das der draufhat. Natürlich erschreckt sich das Pony wegen meines Herumgehampels und galoppiert wie angestochen davon.

Na toll. So langsam verliere ich wirklich die Geduld. Aber wenigstens hat der Fahrer des Geländewagens mich entdeckt und drosselt sein Tempo. Schließlich hält er neben mir an und lässt das Fenster herunter.

»Sag mal, Mädchen, war das da gerade ein Fuchspony?«, fragt mich ein älterer Mann mit Stirnglatze und rundem Gesicht. Wenn mich nicht alles täuscht, ist das Bauer Holtensen.

Ich muss erst einmal nach Luft schnappen, bevor ich antworten kann. »Ja, das war es. Und Sie haben es verjagt, weil Sie einfach mit Ihrem riesigen Auto quer über die Wiese gefahren sind.«

Bauer Holtensen neigt den Kopf leicht zur Seite und mustert mich nachdenklich. »Sag mal, bist du nicht Maiks Tochter?! Die kleine Lina?!«

»Ähm ... ja ...« Aber klein bin ich bestimmt nicht mehr, liegt es mir schon auf der Zunge.

»Was machst du denn auf meiner Heuwiese?«

»Ich habe versucht, dieses Pony einzufangen. Es läuft hier frei herum und ist ziemlich ängstlich.«

»Ängstlich!« Bauer Holtensen beginnt schallend zu lachen. »Es ist frech, unerzogen und bockig, aber bestimmt nicht ängstlich.«

»Und woher wollen Sie das wissen?«, ranze ich ihn an. Wer so fies über ein verschrecktes Pony redet, zu dem muss ich echt nicht nett sein.

»Weil es mein Pony ist!«

»Was? Ich wusste ja gar nicht, dass Sie ein Pony haben.«

Bauer Holtensen nickt. »Doch, doch, schon seit einiger Zeit. Obwohl ich wünschte, es wäre nicht so. Es hat uns von Anfang an nur Kummer gemacht. Ständig büxt der Kerl aus! Meine beiden Enkelkinder, für die ich das Pferd überhaupt gekauft habe, wollen es nicht mehr reiten, weil es sie jedes Mal in hohem Bogen abgeworfen hat.«

Das kann ja wohl nicht wahr sein. Wenn meine Eltern oder Großeltern jemals auf die strahlende Idee kommen sollten, mir ein eigenes Pony zu kaufen, dann wäre ich das glücklichste Mädchen auf der Welt. Und wenn es mich abwerfen würde, dann würde ich ganz sicher immer wieder aufsteigen. So lange, bis das freche Pony es leid ist und allmählich kapiert, wer zu bestimmen hat.

»Kennen die beiden sich denn überhaupt mit Ponys aus?«, frage ich. »Ich meine, können sie reiten?«

Bauer Holtensens Augenbrauen wandern weit nach oben. »Du fragst so, als ob du glauben würdest, du könntest es besser.«

Ich zucke mit den Schultern. »Ich reite schon seit zwei Jahren und könnte es ja mal ausprobieren.«

Erneut fängt er laut zu lachen an. »Deine Eltern werden mich verfluchen, wenn ich dich auf diesem bockigen Kerl reiten lasse, Lina. Am Ende brichst du dir noch das Kreuz. Ne, ne, Mädchen, das Pony kommt wieder weg. Es ist ja auch erst fünf Jahre alt und hat schon mehrere Besitzer gehabt, die allesamt nicht mit ihm zurechtgekommen sind. Ich war schön dumm, dass ich es mir von dem Pferdehändler habe aufschwatzen lassen. Da nützt auch der günstige Preis nichts, wenn das Pony am Ende nur bockt und bei jeder Gelegenheit über den Zaun geht.«

So langsam tut mir das Fuchspony wirklich leid. So wie es sich anhört, ist es von Anfang an nicht richtig behandelt und ausgebildet worden. Kein Wunder, dass es sich so aufführt und das Vertrauen in die Menschen verloren hat.

»Wie heißt es überhaupt?«, will ich wissen.

»Flo. Eigentlich Floriano. Ein viel zu schöner Name für so ein unmögliches Pony.«

Am liebsten würde ich ihm sagen, dass hier ja wohl er der Unmögliche ist, weil er so gemein über Flo redet. Doch ich beiße mir schnell auf die Zunge, weil mir gerade eine ziemlich gute Idee kommt.

»Soll ich Ihnen helfen, es einzufangen?«

Wieder lacht Bauer Holtensen. »Mit 'nem Lasso, oder wie willst du das anstellen, hä?«

»Wie haben Sie es denn bisher gemacht? Sie sagten doch, es wäre schon oft ausgebüxt.«

»Ich bin ihm mit dem Auto hinterher und habe es Richtung Koppel getrieben. Und weil dieses Pony nicht nur frech, unerzogen und bockig, sondern auch verfressen ist, konnte ich es dann mit ein paar Möhren in den Stall locken.«

O weh, der arme, arme Flo tut mir von Minute zu Minute mehr leid.

»Haben Sie Halfter und Strick im Auto? Ach ja, und Möhren?«

Bauer Holtensen nickt.

»Darf ich es also versuchen?«

Einen Moment denkt der Landwirt nach. Ich befürchte schon, dass er Nein sagen wird, doch schließlich nickt er. »Wenn ich noch weiter auf der Wiese hin- und herfahre, dann mache ich alles platt. Also probiere es von mir aus. Aber ewig warte ich nicht.«

Freudig renne ich um das Auto herum und setze mich auf den Beifahrersitz.

»Super, suchen wir ihn!«

»Anschnallen!«, verlangt Bauer Holtensen von mir, bevor er den Motor startet.

Ich beeile mich, und dann fährt er auch schon los. Einmal quer über die Wiese, die weiter hinten an eine eingezäunte Koppel grenzt.

Vor dem Zaun steht Flo und grast in aller Seelenruhe.

»Ist das seine Koppel?«, staune ich. Dieses Pony scheint ja ziemlich geschickt zu sein.

»Ja. Ein wirklich schöner und großer Auslauf, nicht wahr?!«

Ich nicke.

»Und das Gras ist genauso saftig und grün wie hier auf der Wiese, stimmt's?!«

Erneut nicke ich.

»Und warum büxt er dann immer wieder aus? Hast du darauf vielleicht auch eine Antwort, du Ponyflüsterin, hä?«

Ich zucke mit den Schultern. Eine leise Vermutung habe ich ja schon. Aber noch keine endgültige Meinung. Außerdem will ich meine Chance nutzen und versuchen, Flo mithilfe der Möhren so nah heranzulocken, dass ich ihm das Halfter anlegen kann.

Nach einer weiteren gefühlten Ewigkeit bin ich ihm dank der Möhren tatsächlich so nah gekommen, dass ich ihn am Schopf packen kann. In Windeseile stülpe ich ihm das Halfter über und mache den Haken zu. Bauer Holtensen springt aus seinem Auto.

»Ich dachte schon, das wird heute nichts mehr«, ruft er mir zu. Dann deutet er auf die entgegengesetzte Seite der Koppel. »Da ist das Tor. Aber es ist sicher besser, ihn direkt in den Stall zu bringen und alles richtig zu verriegeln. Sonst büxt er nur gleich wieder aus.«

»Dann machen wir das so«, willige ich ein. Bei der Gelegenheit kann ich mir auch gleich ein Bild von dem Hof des Bauern Holtensen machen und vor allem, wie Flo dort untergebracht ist.

Flo lässt sich problemlos von mir einmal um die Koppel herumführen und dann rüber zum Stall bringen, vor dem Bauer Holtensen bereits auf uns wartet.

»Er geht ja bei dir richtig artig am Strick«, wundert er sich.

»Ja«, gebe ich lässig zurück. Dass er mir unterwegs zweimal fast auf den Fuß gesprungen ist, behalte ich besser für mich.

Flos Box ist groß und mit einer sauberen Lage Stroh versehen, doch leider recht dunkel.

»Möchtest du ein Glas Limonade? Meine Frau hat gerade eine frische Karaffe gemacht.«

Erst jetzt merke ich, wie durstig ich bin. Dennoch lehne ich ab.

»Danke, vielen Dank. Auch dafür, dass Sie mein Rad im Kofferraum mitgenommen haben!«, antworte ich. »Aber ich muss jetzt wirklich nach Hause. Darf ich vielleicht ein anderes Mal wiederkommen und mich ein bisschen um Flo kümmern?«

»Gerne, Lina. Nur allzu lange wird er nicht mehr hier sein. Ich habe dir ja gesagt, dass ich ihn wieder verkaufen möchte.«

»Aber bis dahin darf ich mich um ihn kümmern?«, vergewissere ich mich noch einmal.

»Von mir aus. Aber frag bitte auch deine Eltern. Ich möchte keinen Ärger mit ihnen bekommen.«

»Das mache ich«, verspreche ich, schwinge mich auf den Sattel und radele davon.

Während ich in rasender Geschwindigkeit nach Hause fahre, male ich mir aus, wie ich Flo pflege und wir uns so gut verstehen, dass Bauer Holtensen ihn letztendlich doch behält. Ja, im Träumen, ob nun bei Nacht oder mitten am Tag, bin ich schon immer total gut gewesen.

Zu Hause stelle ich dann zu meiner unendlichen Erleichterung fest, dass ich wahnsinniges Glück habe. Es ist mir zwar endlos lang vorgekommen, wie ich hinter

Flo hergerannt bin, doch mein Zeitgefühl hat mich getäuscht. Ich bin noch vor Papa und Anton wieder daheim. Fix sprinte ich hoch in mein Zimmer, wo ich schnell in meine Lieblingskuschelhose und ein hellblaues T-Shirt schlüpfe.

Als ich Papa wenig später die Haustür aufschließen höre, schleppe ich mich mit leidendem Gesichtsausdruck die Treppe hinunter.

»Lina, was machst du denn hier?«, ruft Papa und ist auf der Stelle besorgt. »Himmel, geht es dir nicht gut? Du bist ganz käsig im Gesicht.«

Ich will ihm die Geschichte erzählen, die ich mir haargenau zurechtgelegt habe, doch Papas mitleidiger Gesichtsausdruck ist echt zu viel für mich. Ich kann ihn einfach nicht anlügen – und beichte ihm, wie ich den Vormittag verbracht habe.

»Ach, Linamaus, du bist mir vielleicht eine.« Papa seufzt tief. »Ich verstehe zwar nicht, woher deine große Pferdeliebe stammt, aber ich kann schon nachvollziehen, dass du dich von deinem Lieblingspferd verabschieden wolltest.«

Erleichtert atme ich auf. Papa ist einfach der beste Papa auf der ganzen Welt.

»Ich bin mir allerdings ziemlich sicher, dass Mama das etwas anders sieht.«

»Müssen wir es ihr denn sagen …?«, wispere ich kleinlaut.

Papa seufzt gleich noch mal. »Ich finde, schon. Nur … na ja, vielleicht nicht sofort.«

»Echt?«

Papa nickt, fügt dann aber mit strenger Stimme hinzu: »Das ist eine Ausnahme, Lina. Solltest du noch mal auf so eine dumme Idee kommen, dann gibt es Ärger. Von Mama *und* mir. Nur damit das klar ist.«

»Das ist es, Papa«, versichere ich ihm. »So was mache ich nie wieder. Ehrenwort!«

6

Mit einem Stoffbeutel voller Möhren und Äpfel und einigen Leckerlis radele ich am nächsten Tag direkt nach dem Mittagessen rüber zum Hof von Bauer Holtensen. Obwohl Kleeberg mit seinen knapp 2000 Einwohnern nicht besonders groß ist, habe ich mich bisher noch nie hierher verirrt. Aber der Hof befindet sich auch ein gutes Stück außerhalb der Ortschaft, und bisher gab es keinen Grund für mich, dorthin zu radeln. Jetzt schon, denn jetzt weiß ich, dass dort ein Pony wohnt. Ein ziemlich freches, das Bauer Holtensen leider unbedingt wieder loswerden will.

Inzwischen habe ich mir natürlich längst ausgedacht, wie ich ihn wieder von dieser doofen Idee abbringen könnte. In drei Tagen sind Osterferien. Eigentlich wollten wir mindestens eine Woche davon in den

Urlaub fahren. Doch Papa hat in seiner Firma so viel zu tun, dass er leider nicht wegkann. Ich war ziemlich enttäuscht und ja, auch sauer, als Mama und Papa Anton und mir gesagt haben, dass wir zu Hause bleiben werden.

Jetzt bin ich super glücklich, denn so kann ich mich zweieinhalb Wochen um Flo kümmern. Ich möchte in dieser Zeit ein richtig braves Pony aus ihm machen, damit Bauer Holtensen nicht einen Gedanken mehr daran verschwendet, ihn wieder zu verkaufen.

Perfekt!

Energisch trete ich auf den letzten Metern in die Pedale. Noch einmal eine lang gezogene Kurve, dann liegt der Hof direkt vor mir. Gleich daneben befindet sich Flos Koppel, von der er hoffentlich nicht schon wieder ausgebüxt ist, der Wildfang. Doch leider scheint sich meine schlimmste Befürchtung zu bewahrheiten, denn der Weideplatz ist leer. Weit und breit kein Fuchspony zu sehen.

»Verflixt«, fluche ich leise vor mich hin. Erst als ich auf den Hof radele, sehe ich, dass das Weidegatter offen steht. Wahrscheinlich hat Bauer Holtensen Flo gar nicht auf die Koppel gestellt, weil er Sorge hat, dass das Pony noch mal ausreißen könnte. Das kann ich gut verstehen, wenn es auch nicht gerade toll für Flo ist, die ganze Zeit in der Box bleiben zu müssen. Das mag kein Pferd auf der Welt. Und artgerecht ist es auch ganz bestimmt nicht. Ich muss Bauer Holtensen klarmachen, dass er seinen Zaun verstärken muss, weil Flo unbedingt genügend Auslauf und vor allem frische Luft braucht.

Der Weg zu dem großen Fachwerkhaus der Familie Holtensen führt über eine hübsche und sehr alte Birkenallee. Das Haus ist mit seinen Butzenscheiben und den grünen Fensterläden mindestens genauso schön anzusehen. Der Stall liegt etwas abseits, rechts vom Wohnhaus. Zur linken Seite und ebenfalls ein gutes Stück hinter dem Haus gelegen, entdecke ich eine riesige Scheune. Direkt davor stehen ein Trecker und ein großer Anhänger sowie Bauer Holtensens Geländewagen.

Er ist also auf dem Hof und nicht hinter Flo her, was meine Annahme verstärkt, dass er das Pony vorsorglich im Stall gelassen hat.

Als ich mein Rad abstelle, öffnet sich die Haustür, und Frau Holtensen tritt einen Schritt heraus. Also, zumindest nehme ich an, dass es die Frau von Bauer Holtensen ist. Sie ist mir nämlich absolut unbekannt. Schon verrückt, wenn man bedenkt, dass wir seit neun Jahren im selben Dorf wohnen.

»Ach, wie schön, die Lina«, ruft sie mir lächelnd zu. Scheint so, als ob sie mich sehr wohl kennt. »Mein Mann hat mir erzählt, dass du gestern das freche Pony

eingefangen hast und unbedingt wiederkommen wolltest.«

Ich nicke und grüße dann höflich. »Ich hoffe, Sie haben nichts dagegen?«

Frau Holtensen schüttelt den Kopf. »Nein, bestimmt
nicht. Aber deine Eltern wissen schon Bescheid, dass
du hier bist? Und auch, dass das Pony recht ... nun ja,
unerzogen trifft es vielleicht am besten, ist?!«

Ich nicke erneut. »Papa hat nichts dagegen.« Und
ganz genauso ist es auch. Also fast ... Mist, eigentlich
hat er gesagt, dass ich Mama fragen soll. Aber irgendwie habe ich das in meiner Aufregung total vergessen.

»Dann lauf mal schnell rüber zum Stall. Mein Mann
ist gerade bei dem Pony. Er freut sich bestimmt über
Hilfe.«

Das braucht sie mir nicht zweimal zu sagen. Flüchtig
hebe ich die Hand und renne los.

»Ach, Lina, da bist du ja wirklich. Prima!«, sagt Bauer
Holtensen, nachdem ich ihn begrüßt habe und dann
an Flos Box herangetreten bin. Das Fuchspony steht in
der hinteren Ecke seiner wirklich großen Box und zupft
Heu aus der Raufe. Als es mich wahrnimmt, wendet es
kauend den Kopf und schaut mich – wie ich mir ein-
bilde – interessiert an. Ich nehme eine der Möhren aus
dem Jutebeutel und halte sie Flo über die geschlossene
Boxentür hin. Vorsichtig kommt er zur Tür und nimmt

dann mit langem Hals die Möhre aus meiner Hand. Als ich jedoch versuche, ihn zu streicheln, springt er erschrocken zurück.

»Wie gesagt, prima«, wiederholt Bauer Holtensen. »Ich wollte gerade die Box des Ferkels hier sauber machen. Flo hat die mal wieder komplett umgewühlt, weil er die ganze Zeit hin und her rennt.«

Kein Wunder, liegt es mir auf der Zunge. Wer ist schon gerne den ganzen Tag hier drinnen eingesperrt. Aber ich will es mir mit Bauer Holtensen nicht verderben und halte mal lieber den Mund.

»Ich helfe Ihnen gerne«, beeile ich mich, ihm stattdessen zu versichern. »Und wenn es Ihnen recht ist, dann putze ich Flo anschließend ausgiebig. Sein Fell, Schopf, Mähne und Schweif haben das nämlich dringend nötig.«

Bauer Holtensen nickt. »Das ist mir sogar sehr recht. Wir haben alles da, was du dafür brauchst. Wurzelbürste, Hufauskratzer ...«

Ich strahle vor Begeisterung. Das läuft ja super. »Dann misten wir jetzt schnell, und danach kümmere ich mich um Flos Fell- und Hufpflege.«

Doch Bauer Holtensen winkt ab. »Ne, lass mal, Mädchen. Ich miste mit dem Trecker, das geht schneller. Kümmere du dich so lange um den Rabauken. Am besten führst du ihn raus auf den Hof. Dann steht ihr nicht im Weg, wenn ich mit dem Trecker hin- und herfahre.«

Wow, das wird ja immer besser. Wobei ich natürlich auch Flos Box gemistet hätte. Dafür bin ich mir bestimmt nicht zu schade. Nur ... na ja, ein Pferd zu pflegen, ist natürlich viel besser, als Mist zu schaufeln.

Ich betrete Flos Box und lege ihm ganz behutsam das Halfter an. Dabei achte ich darauf, seine Ohren möglichst nicht zu berühren. Schon gestern habe ich nämlich bemerkt, dass er etwas kopfscheu ist. Der süße Kerl lässt sich ganz artig hinaus auf den Hof führen. Bleibt dann aber erst mal wie angewurzelt stehen und bläht mit hocherhobenem Kopf die Nüstern, bevor er laut und lang gezogen wiehert.

»Ja doch, mein Schöner, alles ist gut. Du musst dich nicht aufregen«, rede ich beruhigend auf ihn ein und hoffe, dass er nicht auf die Idee kommt, sich loszureißen. Es macht bestimmt nicht den allerbesten Eindruck, wenn ich gleich beim ersten Mal nicht in der Lage sein sollte, ihn im Zaum zu halten.

»Alles in Ordnung?«, schallt Bauer Holtensens Stimme auch prompt aus dem Stall zu mir herüber.

»Ja, klar«, rufe ich laut zurück, während ich zwei-, dreimal heftig am Strick rucke, damit der Wildfang erst gar nicht auf dumme Ideen kommt. Tatsächlich zeigt das Wirkung, denn er senkt den Kopf und lässt sich von mir auf den Hof führen. Dort habe ich einen Balken entdeckt, der sich recht gut zum Pony-Anbinden eignet.

In der nächsten Stunde bemühe ich mich mit all meiner Energie und Begeisterung, Flos rötliches Fell zum Glänzen zu bringen. Für Schopf

und Mähne, aber vor allem den unheimlich dicken und bis zum Boden reichen-
den Schweif benötige ich die längste Zeit.
Flos Hufe haben nicht nur ganz dringend
eine ausführliche Pflegeeinheit nötig, sondern auch
einen Schmied, der sie ausschneidet und die herausgebrochenen Stellen glatt feilt.

»Hui, der sieht ja richtig chic aus«, staunt Bauer
Holtensen, als er Flo schließlich einer ausführlichen
Musterung unterzieht.

Ich nicke stolz, sage ihm dann aber, dass Flos Hufe
unbedingt einen Schmied benötigen.

Doch Bauer Holtensen schüttelt den Kopf. »Den
hatte ich schon mal da, und dabei hat er ihn fast umgebracht.«

Ich verstehe nicht so recht. »Wer hat wen umgebracht?«

»Das verrückte Pony den Schmied natürlich. Kaum
hat der den Vorderhuf des Ponys hochgenommen, ist
es auch schon gestiegen. Hinten ist der Schmied überhaupt nicht erst drangekommen. Flo hat sofort nach
ihm getreten. Als der Schmied schließlich
wieder gefahren ist, hat er mir deutlich
zu verstehen gegeben, dass ich ihn
bloß nie wieder anrufen solle.«

»Herrje, der arme Flo hat sicher
Angst vor dem Schmied gehabt«,

nehme ich an. »Aber so kann es nicht bleiben. Die Hufe sehen schrecklich aus.«

»Angst? Lina, ich habe dir doch schon mal gesagt, dieses Pony ist einfach nur ein Deubel, wie er im Buche steht. Aber wo du ihn jetzt so schön gestriegelt hast, kann ich gleich ein paar Fotos von ihm machen.«

Hm, das soll einer verstehen. Einerseits behauptet Bauer Holtensen, dass er den unerzogenen Flo möglichst schnell wieder loswerden will, aber dann macht er Fotos von ihm.

»Für wen sind die Fotos denn?«, frage ich daher.

»Die nehme ich für die Anzeige im *Pferdemarkt*. Dann bekomme ich das Pony bestimmt besser los. Hübsch anzusehen ist es ja auf jeden Fall.«

O nein. Wenn ich das geahnt hätte, hätte ich ihn bestimmt nicht so fein rausgeputzt.

Auf dem Nachhauseweg ärgere ich mich noch immer darüber, dass Flo dank meines Einsatzes nun so hübsch ist. Wenn deshalb die Interessenten in Scharen bei Bauer Holtensen auftauchen, bin ich mein Pflegepony schnell wieder los. Erst recht, wenn jemand kommt, der erkennt, was es mit Flo auf sich hat. Dass ihm nämlich einfach nur ausreichend Bewegung und, ja, auch eine konsequente Erziehung fehlt und vor allem Gesellschaft.

»Pferde sind Herdentiere und fühlen sich allein nicht wohl«, habe ich vorhin noch zu Bauer Holtensen gesagt.

Doch davon hat er nichts hören wollen. »Blödsinn, Lina. Ich habe ihn schon zu den Kühen auf die Weide gestellt, und trotzdem ist er ausgebüxt.«

»Na ja, er ist ja auch keine Kuh«, habe ich dagegengehalten.

»Vieh ist Vieh, Lina. So ist das!« Bauer Holtensen war stur geblieben, und, ehrlich gesagt, ist Flo alles andere als gut bei ihm aufgehoben. Er hat keine Ahnung von Pferden und erst recht kein Verständnis für sie. So ist das und nicht anders!

O Mann, hätte ich doch bloß ein eigenes Pferd. Ein eigenes Pferd, um das ich mich jeden Tag kümmern kann und das ich reiten darf, wann immer mir danach ist. Ein liebes Pferd, das zutraulich und gut erzogen ist. Ein Pferd wie Rico ...

7

Beim Abendessen sagt Papa auf einmal: »Ich habe vorhin Hasso Holtensen getroffen. Er lässt dich schön grüßen. Und er bat mich, dir zu sagen, dass die Fotos von dem Pony ganz toll geworden sind.«

Bevor ich irgendetwas erwidern kann, fragt Mama: »Welches Pony?«

Papa sieht mich mit großen Augen an. »Lina?«

Ich werde rot und beginne zu stammeln: »Ich ... ich wollte Mama ja fra... fragen, aber ... aber dann ...«

Kopfschüttelnd fällt mir Papa ins Wort. »Das ist jetzt nicht dein Ernst, Lina.«

»Kann mir bitte mal einer von euch sagen, wovon ihr überhaupt redet?«, verlangt Mama.

»Lina ist nicht in der Schule gewesen ... wegen so 'nem Pony«, haut Anton raus.

Mama verschluckt sich an ihrem Vollkornbrot mit Frühlingsquark, von dem sie gerade abgebissen hat. Papa klopft ihr auf den Rücken – und guckt mich dabei ziemlich vorwurfsvoll an.

Als Mama schließlich wieder Luft bekommt, will sie alles erfahren. Alles! Schöne Schande.

Nach dem Abendessen muss ich direkt hoch in mein Zimmer. Kein Fernsehen mehr, und den Rest der Woche darf ich – außer zur Schule – unser Haus nicht verlassen. Mama ist echt stinksauer.

»Weißt du, Lina, wenn du zu mir gekommen wärest und mir gesagt hättest, wie wichtig es dir ist, dich von Rico zu verabschieden, dann hätte ich dich wahrscheinlich in der Schule entschuldigt. Ich kann deinen Kummer schon verstehen, auch wenn ich selbst mit Pferden nichts am Hut habe. Aber dass du einfach die Schule schwänzt und heimlich losziehst, ist wirklich unmöglich.«

Später höre ich Mama und Papa unten im Wohnzimmer noch eine ganze Weile herumdiskutieren. Mama ist natürlich auch auf ihn sauer, weil er meine Flunkerei gedeckt hat. Dass die beiden meinetwegen miteinander streiten, finde ich noch viel schlimmer als den Hausarrest.

Passend zu meiner Laune ist das Wetter in den nächsten Tagen: Ununterbrochen klatscht der Regen gegen meine Fensterscheibe. Anton hat ein schrecklich schlechtes Gewissen, weil ihm herausgerutscht ist, was er zufällig mitbekommen hat. In einer Tour kommt er in mein Zimmer und fragt mich, ob er irgendetwas für mich machen kann.

»Anton, ich bin dir nicht böse. Du hast an alldem doch gar keine Schuld«, versichere ich ihm schließlich. »Ich bin selbst schuld, weil ich nicht die Wahrheit gesagt habe. Ende und gut jetzt!«

Daraufhin zieht mein kleiner Bruder einigermaßen beruhigt ab. Wenig später höre ich ihn lachend mit seinem Freund unten im Garten Fußball spielen, während es sich für mich so anfühlt, als könnte ich selbst nie wieder fröhlich sein. Bestimmt ist Flo längst verkauft. Auch wenn ich mich nur ein einziges Mal um ihn gekümmert habe – und einmal stundenlang hinter ihm hergerannt bin –, so ist der freche Kerl mir doch irgendwie ans Herz gewachsen. Nicht so wie Rico, den ich zwei Jahre lang kenne ... gekannt habe. Aber die Aussicht, mich um ihn kümmern und ihn vielleicht sogar irgendwann mal reiten zu dürfen und ihm das Vertrauen in die Menschen zurückzugeben, war fantastisch und ein wirklich tolles Gefühl. Doch damit ist es jetzt endgültig vorbei.

Am Samstagmorgen steht Mama dann auf einmal in meinem Zimmer. Sie entschuldigt sich für den Hausarrest, den sie mir aufgebrummt hat, weil sie solche Methoden eigentlich richtig blöd findet.

»Aber Lügen, Lina, das geht echt gar nicht.«

Ich nicke einsichtig und weine noch ein bisschen in Mamas Armen. »Es tut mir so leid ...«, schniefe ich.

»Ist gut, Lina«, gibt Mama zurück.

»Auch mit Papa und dir?«

Mama nickt. »Na klar. Ich habe übrigens neulich mit Hasso Holtensen gesprochen und ihm gesagt, dass du dich ab Samstag wieder um sein Pony kümmern könntest, wenn ihm das noch recht ist.«

»Aber ... aber, ist Flo nicht längst verkauft?«, japse ich und halte dann die Luft an, so aufgeregt bin ich auf einmal.

Mama schüttelt den Kopf. »Aus irgendeinem Grund wird er ihn nicht los.«

»Juchhuuu!«, jubele ich und springe von meinem Bett auf, auf dem ich gerade noch Arm in Arm mit Mama gesessen habe.

»Stimmt mit dem Pony denn irgendetwas nicht, Lina?«

Ich will schon den Kopf schütteln und ihr versichern, dass alles supergut mit Flo ist. Da fällt mir ein, dass ich mir ja vorgenommen habe, auf jede Art von Flunkerei zu verzichten.

»Flo ist nicht gut erzogen und deshalb etwas wild«, gebe ich also offen und ehrlich zu. »Aber ich denke, das liegt daran, dass sich noch nie jemand so richtig um ihn bemüht hat und ihm Vertrauen geben konnte.«

Einen Moment lang sagt Mama nichts – und ich bin mir ziemlich sicher, dass sie nun von mir verlangen wird, mich unter diesen Umständen von dem Pony fernzuhalten.

Doch ich habe mich getäuscht. Mama streicht mir lieb über den Kopf und sagt dann: »Sei aber vorsichtig, Lina. Versprichst du mir das?«

Ich kann nicht so schnell nicken und Ja rufen, wie ich es will.

Mama lacht und wünscht mir dann viel Spaß mit Flo.

Wow, damit habe ich echt nicht gerechnet. Ich dachte, dass ich Flo nie wiedersehen würde.

\*\*\*

Flo steht in seiner komplett ungemachten Box und lässt den Kopf hängen. Bei seinem Anblick schnürt sich mir das Herz zusammen. Wenn Bauer Holtensen in der Nähe wäre, dann würde ich ihn jetzt bestimmt anmotzen. Zum Glück ist er aber auf dem Feld. Das hat Frau Holtensen mir jedenfalls kurz zuvor gesagt.

Ich öffne die Boxentür und mache einen Schritt hinein.

»Hallo, mein Süßer«, begrüße ich ihn mit leiser Stimme. »Dir geht es nicht so gut, stimmt's?«

Natürlich antwortet Flo mir nicht. Dafür sprechen seine Augen Bände. Das Pony ist tiefunglücklich. Kein Wunder, wenn er die ganze Zeit hier in seiner Box herumgestanden hat.

In seinem rötlichen Fell entdecke ich zahlreiche Mistflecken, Mähne und Schweif sind wieder vollständig verzwirbelt, ganz so, als hätten sie seit meiner Putzaktion keine Bürste mehr gesehen.

Ich versuche, meine Hand unter seine dicke zottelige Mähne zu schieben und ihn dort sacht zu kraulen. Rico hat es an dieser Stelle immer ganz besonders gern gehabt. Flo hingegen schüttelt heftig den Kopf.

»Ist ja schon gut, Flo«, sage ich leise und ziehe meine Hand schnell wieder zurück. »Ich hab's kapiert. Du magst das nicht.«

Ich wende mich zur Tür um, nehme sein Halfter vom Haken und lege es ihm vorsichtig an. Heute zuckt er ganz besonders zusammen, als ich dabei seine Ohren leicht an den Rändern streife.

Puh, was ist ihm nur widerfahren, dass er so erschrocken auf diese Berührung reagiert?

Gerade als ich ihn aus dem Stall führe, kommt Bauer Holtensen vorgefahren. Er steigt aus seinem dunkelgrünen Jeep und geht mit großen Schritten auf uns zu.

»Ach, Lina, schön, dass du wiedergekommen bist.« Er lächelt freundlich, sodass ich mich zu fragen traue: »Dann haben sich keine Interessenten auf Ihre Anzeige im *Pferdemarkt* gemeldet?! Oder haben Sie Flos Foto erst gar nicht eingestellt?« Was irgendwie bedeuten würde, dass er ihn doch behalten will.

»Es haben Dutzende angerufen, und vier davon waren auch gleich noch am selben Tag hier. Doch dieser dumme Kerl hat es fertiggebracht, sie allesamt zu vergraulen. Aber egal, ich habe jetzt beschlossen, es mir nicht mit noch mehr Leuten zu verderben, weil ich ihnen ein so wildes, ach was, gemeingefährliches Pony verkaufen will. Nächste Woche kommt der Abdecker und nimmt ihn mit.«

Mein Herzschlag setzt für zwei, drei, vier Sekunden aus, bevor ich laut rufen kann: »Nein, das dürfen Sie nicht tun!«

Bauer Holtensen zuckt gleichgültig mit den Schultern. »Mädchen, natürlich kann ich das machen. Das Pony gehört ja mir. Und ich habe mich auch wirklich bemüht, für ihn ein gutes neues Zuhause zu finden. Aber wenn es sich einfach jedes Mal wie ein Monster auf vier Hufen aufführt, dann bin ich mit meinem Latein am Ende.«

Fieberhaft suche ich nach den richtigen Worten, um ihm diesen schrecklichen Plan wieder auszureden. Doch wie sollte mir das gelingen? Ich bin doch nur ein neunjähriges pferdeverrücktes Mädchen. Zwar mit Sparbuch, aber Eltern, die mir unter Garantie nicht erlauben würden, das Geld darauf abzuheben und es Bauer Holtensen für Flo zu geben. Und selbst wenn, wo sollte ich mit Flo hin? In unserem Garten ist kein Platz für ein Pony. In meinem Zimmer erst recht nicht.

»Ich ... ich ...«, beginne ich. »Also ich ...«

Fragend sieht Bauer Holtensen mich an. »Was ist mit dir?«

Tränen steigen mir in die Augen. Verdammt, jetzt bloß nicht wieder heulen, Lina. »Ich könnte doch versuchen, ihn brav zu machen. Ich habe jetzt Osterferien, fast drei Wochen, und könnte mich jeden Tag um Flo kümmern. Dann ... dann können Sie ihn vielleicht doch noch verkaufen.«

»Lina, jetzt hör mal auf damit. Das Pony taugt nichts und ...«

»Hasso, sei doch bitte nicht gleich so grob«, erklingt auf einmal eine vorwurfsvolle Stimme hinter Bauer Holtensen.

Im nächsten Moment drängt sich Frau Holtensen an ihrem Mann vorbei, sieht die Tränen in meinen Augen und ahnt wohl, wie verzweifelt ich bin.

Freundlich reicht sie mir ein Taschentuch, das sie aus ihrer bunten Schürzentasche hervorgeholt hat, und wendet sich dann wieder an ihren Mann. »Sag mal, Hasso, bist du etwa daran schuld, dass Lina so unglücklich ist?«

»Nein, also, nicht direkt«, behauptet der sonst so forsche Landwirt plötzlich recht kleinlaut. »Es ist nur so, dass sie sich in das Pony verguckt hat und es unbedingt bändigen will.«

»Na ja, allemal besser, als es direkt zum Schlachter geben zu wollen«, hält Frau Holtensen ihrem Mann mit ernstem Blick vor. »Schön leicht machst du es dir, Hasso. Zumal weder Janne noch Theo jemals den Wunsch nach einem Pony geäußert haben.«

Ich nehme an, dass es sich bei Janne und Theo um die Enkelkinder handelt, die ein paarmal von Flo heruntergefallen sind.

»Lina, und du traust dir wirklich zu, das Pony zu erziehen?«, fragt mich Frau Holtensen dann.

Ich nicke wie verrückt.

»Gut. Deine Mama hat mir ja neulich erst erzählt, dass du schon über zwei Jahre reitest und ziemlich talentiert bist.«

So? Hat Mama das gesagt? Wow, voll nett von ihr.

»Trotzdem möchte ich erst noch von deinen Eltern hören, dass sie damit einverstanden sind. Okay?«

»Ja, klar. Ich kann gleich anrufen. Aber, hm, ich habe leider kein Handy. Also noch nicht …«

»Tröste dich«, sagt Frau Holtensen und lacht. »Ich hab auch keins. Aber es gibt ja noch das gute alte Telefon, das an der Steckdose hängt. Magst du mit ins Haus kommen? Dann rufen wir zusammen bei dir an.«

Und wie ich mag! Und wiiie!!!

Nachdem ich Samstag und Sonntag wieder viel Zeit mit Flos Fellpflege verbracht und ihn anschließend an der Hand habe grasen lassen, will ich am Montag den nächsten Schritt wagen. Gestern hatte ich das Gefühl, dass er das Striegeln und Bürsten richtig genossen hat. Auf jeden Fall stand er still da und hat nicht einmal gezuckt, als ich »aus Versehen« mit einer weichen Bürste seine Ohren berührt habe.

Heute will ich ihn longieren und bin wirklich gespannt darauf, wie er sich an der Longe bewegen wird.

Flo stampft mit dem rechten Vorderhuf auf den Boden, als ich an seine Box trete.

»Ja, ja, du verrückter Junge«, rede ich beruhigend auf ihn ein, während ich die Boxentür aufmache. »Du darfst jetzt ein bisschen raus auf die Koppel. Aber diesmal an der Longe. Mal sehen, wie du dich anstellst.«

Flo bläht die Nüstern und schnaubt aufgeregt, als hätte er jedes Wort verstanden. Als Nächstes wirft er seinen schönen Kopf herum, als wollte er mir damit sagen, dass ich mich gefälligst mal beeilen soll. Ihm ist schrecklich langweilig so allein in seiner öden Box.

Ich lege ihm das Halfter an und führe ihn am Strick aus dem Stall zum Anbindebalken. Dort wechsele ich das Halfter gegen Flos dunkelbraune Trense und verschnüre die Riemen. Ich achte sehr darauf, dass nichts zu eng anliegt und ihn stören könnte. Beim Auftrensen stelle ich schließlich erstaunt fest, dass er, als ich seine Ohren berühre, es einfach zulässt.

»Braver Flo, so ein tolles Pony bist du«, lobe ich ihn und klopfe ihm kräftig den Hals. Leider zu überschwänglich, denn er macht einen hektischen Schritt zurück.

Wie dumm von mir. Gerade habe ich sein Vertrauen gewonnen, da zerstöre ich schon wieder alles.

»Du musst besser aufpassen, Lina!«, sage ich zu mir selbst. Und zu Flo: »Kommt nicht wieder vor, Flo. Ich merk's mir jetzt.«

Ich ziehe den Haken der Longe durch den einen Gebissring, um ihn an dem anderen zu befestigen.

Ganz so, wie ich es von Martha in der Reitschule gelernt und auch einige Male angewandt habe. So führe
ich ihn rüber zur Koppel, öffne das Gatter und gehe mit
ihm in die Mitte des von mir erdachten Zirkels.

Ich trete einen Schritt zurück. Noch einen weiteren.
Dann hebe ich vorsichtig die rechte Hand, um ihn vo-
ranzutreiben, und rufe ihm gleichzeitig zu: »Vorwärts,
Flo, Scheeeritt!«

Unbeweglich steht Flo da. Er nimmt Witterung auf,
lässt die Ohren spielen, schnaubt ein paarmal, aber
rührt sich nicht von der Stelle.

»Vorwärts, Flo!«, rufe ich ihm etwas lauter und entschlossener zu. »SCHEEERITT!«

Als er sich immer noch nicht von der Stelle rührt, schnalzte ich mit der Zunge und wackele ein kleines bisschen mit der Longe in meiner Hand. Kann es sein, dass Flo noch niemals longiert wurde? Dass er nicht weiß, was ich von ihm will?

Noch eine Sekunde bleibt er stocksteif stehen. In der nächsten wirft er sich so abrupt nach vorne, dass ich die Longe nicht schnell genug nachgeben kann. Sie rutscht durch meine Finger, und wäre am Ende keine Schlaufe, könnte ich sie nicht festhalten. Flo stört sich kein bisschen an dem Widerstand, der von mir ausgeht, sondern stürmt einfach davon. Mit einem heftigen Ruck werde ich umgeworfen – und mit der Schlaufe fest in meiner Hand hinter Flo hergezogen. Ich kann nicht sagen, warum ich nicht loslasse. Vielleicht weil ich unbedingt verhindern will, dass er am Ende der Koppel über den Zaun springt und wieder ausbüxt. Aber es kann auch an dem natürlichen Instinkt eines Reiters liegen, von dem Martha uns so oft erzählt hat: niemals die Zügel loszulassen.

Flo jedenfalls läuft weiter und weiter, und ich werde mitgeschleift. Ordentlich durchgerüttelt und -geschüttelt, wird mir schemenhaft klar, dass er tatsächlich direkt auf den hinteren Zaun zusteuert. Jeden Moment wird er drüber hinwegspringen und ich womöglich mit

voller Wucht gegen die Latten krachen. Ich muss auf der Stelle die Longe loslassen und Flo freigeben.

Jetzt, Lina!

Da aber merke ich, dass Flo langsamer wird, und nach ein paar weiteren Sprüngen bleibt er tatsächlich stehen. Heftig schnaubend, seine weit aufgeblähten Nüstern leuchten blutrot.

Mühsam rappele ich mich vom Boden auf. Meine Hose ist am linken Knie aufgerissen, Staub und Gras bedecken meine Kleidung. Mein ganzer Körper schmerzt. Ich fühle mich wie durch den Fleischwolf gedreht – und kann dennoch nur denken: Davon darf niemand etwas erfahren. Niemals!

Flo dreht den Kopf zu mir und sieht mich mit großen Augen an. Soll ich böse auf ihn sein? Nein, wohl eher auf mich. Wahrscheinlich kennt er tatsächlich keine Longe und ist völlig überfordert von dem langen

»Band«, das da plötzlich an seiner Trense baumelt. Ich habe einfach vorausgesetzt, dass er weiß, was zu tun ist, und das ist echt dumm von mir. Denn fast alles, was ich bisher mit Flo erlebt oder von Bauer Holtensen über ihn gehört habe, deutet darauf hin, dass es ihm an Ausbildung, Erziehung und Vertrauen mangelt. Wie konnte ich, bitte schön, nur auf die dusselige Idee kommen, ihn einfach mal so an die Longe zu nehmen?

Lina, echt keine Glanzleistung!

Behutsam lege ich die Longe zusammen, sodass sie die Länge eines Führstricks hat.

»Komm schon, du wilder Kerl, wir gehen zurück in den Stall.«

Immer noch ein bisschen keuchend, aber sonst so brav, als wäre nichts geschehen, läuft Flo neben mir her.

Am Koppelgatter kommt Bauer Holtensen auf uns zu.

»Sag mal, Mädchen, warum hast du denn nicht losgelassen?« Seine Stimme klingt vorwurfsvoll. Doch schwingt darin noch etwas anderes mit: Bewunderung. Kann das sein?

»Ich muss schon sagen, du hast ordentlich Mumm in den Knochen.«

»Kann das vielleicht unter uns bleiben?«, bitte ich ihn mit dünner Stimme. Ja, schon klar, keine Flunkereien mehr, das habe ich mir fest vorgenommen und Mama und Papa auch hoch und heilig versprochen. Aber das

Ganze ist ja nur passiert, weil ich so unbedarft gehandelt habe. Es wäre doch gemein, wenn Flo meine Dummheit jetzt ausbaden müsste.

»Tja, Lina, ich weiß nicht, ich weiß nicht.« Bauer Holtensen kratzt sich umständlich am Hinterkopf.

»Dass er losgerannt ist, das war mein Fehler. Ich hätte ihn nicht einfach an die Longe nehmen dürfen.«

Bauer Holtensen sieht noch immer nicht restlos überzeugt aus.

»Ich finde, du solltest deinen Eltern davon erzählen«, meint er nun leider doch. Einen kurzen Moment habe ich echt gehofft, er würde …

»Also bei Gelegenheit.« Bauer Holtensen zwinkert mir verschwörerisch zu. »Und beim nächsten Mal lässt du gefälligst los. Verstanden?!«

»Ja, natürlich! Versprochen!«, rufe ich übereifrig aus.

Bauer Holtensen marschiert zu seinem Jeep und fährt davon.

Puh, da habe ich wirklich noch mal Glück gehabt.

Ziemlich erleichtert führe ich Flo zum Anbindebalken. Dort tausche ich die Trense gegen sein Halfter aus und beginne dann, ihn mit Striegel und Kardätsche zu bürsten. Das Fell vor seiner Brust und am Hals ist etwas nass geschwitzt und leicht gekräuselt. Während ich es Bürstenstrich für Bürstenstrich glätte, gehe ich in Gedanken noch einmal jeden Schritt durch, den ich getan und vor allem falsch gemacht habe.

Dabei fällt mir wieder ein, wie Martha in der Reitschule einmal ein junges Pferd anlongiert hat. Zunächst hat sie das Pferd an der Longe, jedoch mit normaler Führstricklänge, auf der Zirkellinie herumgeführt. Nach und nach hat sie ihm dann immer mehr Longe hingegeben und sich dabei ganz behutsam Richtung Zirkelmitte zurückbewegt. Erst nachdem das junge Pferd sich nicht mehr an der langen Leine gestört hat, die da auf einmal an seinem Kopf herumbaumelt, hat sie ihre endgültige Position in der Mitte des Longierkreises eingenommen. Ihre Kommandos waren klar und bestimmt, aber dennoch sehr behutsam. Am Ende ist das junge Pferd brav und wie selbstverständlich in allen drei Gangarten auf dem Zirkel gelaufen – und das sowohl auf der linken wie auch auf der rechten Hand.

»Tut mir wirklich leid, Flo, dass ich dich damit so überfallen habe«, kann ich mich jetzt nur noch bei ihm entschuldigen.

Flo schnaubt. Ich bilde mir ein, dass er mir damit sagen will: Schon gut, Lina. Aber zukünftig gehst du bitte vorsichtiger mit mir um!

»Abgemacht«, murmele ich und schiebe automatisch meine Hand unter seine Mähne, um ihn am Mähnenansatz zu kraulen. Himmel, noch eine unüberlegte Dummheit von mir, schießt es mir im nächsten Moment durch den Kopf. Schnell will ich meinen Fehler wiedergutmachen, doch Flo steht ganz ruhig da und lässt es sich gefallen, dass ich ihn dort kraule. Mehr noch: Seine Unterlippe hängt leicht herunter. Ein sicheres Zeichen dafür, dass er es genießt und sich dabei tatsächlich anfängt zu entspannen.

9

Auf dem Heimweg mache ich mir Gedanken, ob ich vielleicht doch zu jung und unerfahren bin, um ein Pferd wie Flo auszubilden ... nun ja, ihn zu bändigen trifft es eigentlich besser. Womöglich habe ich den Mund zu voll genommen und das jetzt auch direkt zu spüren bekommen.

Vielleicht sollte ich Martha um Rat bitten? Bestimmt ist das eine gute Idee – nur ist sie dummerweise gerade weggefahren. Aber ich habe gesagt, dass ich mich um Flo kümmern und ihn brav machen werde, damit er verkauft werden kann und nicht zum Abdecker muss.

Allein die Vorstellung tut mir weh, und eigentlich müsste ich richtig sauer sein auf Bauer Holtensen. Aber dass er vorhin nicht die erste Chance genutzt und mich verpetzt hat, stimmt mich ein bisschen hoffnungsvoller. Vielleicht ist er in Wirklichkeit doch nicht so herzlos, wie er immer vorgibt.

Zu Hause angekommen schaffe ich es, in mein Zimmer zu huschen und mich schnell umzuziehen, bevor Mama oder Papa mich zu Gesicht bekommen. Ich lasse meine kaputte Hose und das dreckige Shirt in der hintersten Ecke meines Kleiderschrankes verschwinden und hoffe, dass Mama nicht auf die Idee kommt, dort nachzusehen. Also am besten nicht vor zwei, drei Jahren, wenn Flo längst ein braves Pony ist und seinem neuen Mädchen oder Jungen ganz viel Freude bereitet.

Hm ... es ist schon ein komischer Gedanke, ihn mir mit einem anderen Kind vorzustellen. Irgendwie blöd. Saublöd sogar. Echt!

Mit meiner Lieblingskuschelhose und einem sauberen T-Shirt verschwinde ich im Badezimmer und wasche mich ordentlich. Leider kann ich die lange Schramme, die quer über meine linke Wange verläuft, nicht wegwaschen.

Mama und Papa mustern mich skeptisch, als ich etwas später in der Küche auftauche, wo der Tisch schon fürs Abendessen gedeckt ist.

»Was ist denn mit dir passiert?«, will Mama besorgt erfahren.

»Bist du etwa von dem Pony gefallen?«, fragt Papa.

Ich schüttele den Kopf. Runtergefallen bin ich schließlich nicht. Nur hinterhergezogen worden.

»Nein, ich bin nicht von Flo gefallen, weil ich ihn noch gar nicht geritten habe.«

Mama seufzt zwar erleichtert, doch dann merkt sie an: »Nun ja, Lina, *noch* nicht? Vom Reiten war ja auch sowieso keine Rede. Dass du dich kümmerst, ihn handzahm und zutraulicher machst, so lautet die Abmachung. Komm bitte nicht auf die verrückte Idee, heimlich und vor allem allein auf ihm reiten zu wollen.«

»Nö, mache ich nicht«, murmele ich.

»Dann ist ja alles gut«, findet Papa und fragt mich, ob ich auch ein gekochtes Ei haben möchte. Zum Glück will keiner mehr wissen, woher nun eigentlich die Schramme in meinem Gesicht stammt.

Am nächsten Morgen werde ich von dem Regen, der ununterbrochen auf das Flachdach unseres Carports prasselt, geweckt. So ein Mist aber auch. Ich habe mir doch fest vorgenommen, heute einen erneuten Longierversuch mit Flo zu starten. Deshalb habe ich gestern Abend noch stundenlang sämtliche Pferdebücher gewälzt, die ich besitze, und darin nach Tipps und Tricks gesucht.

In einem Buch, das mir meine Tante Jana letztes Weihnachten geschenkt hat und das von einer richtig berühmten Reiterin geschrieben worden ist, habe ich schließlich allerhand Ratschläge zur Jungpferdeausbildung mit vielen tollen Fotos gefunden, die wirklich hilfreich sein könnten. Voller Vorfreude auf den nächsten Tag und eine bestimmt gelungenere Longiereinheit bin ich erst kurz vor Mitternacht eingeschlafen. Tja, und nun regnet es kleine Dackel, und an Longieren ist echt nicht zu denken. Nicht, weil Flo oder ich aus Zucker sind. Doch der Boden auf der Weide ist vom Regen vollkommen aufgeweicht und super rutschig. Flo darauf im Kreis laufen zu lassen, wäre eindeutig zu gefährlich.

Die kurze Enttäuschung, dass ich mein neues Wissen leider heute noch nicht anwenden kann, schüttele ich auf dem Weg ins Badezimmer schnell wieder ab. Ich wasche mich, ziehe dann Jeans und ein langärmliges Shirt an und laufe runter in die Küche.

Als Lehrerin hat Mama auch gerade Osterferien und ist deshalb noch im Schlafanzug, als ich zur Tür hereinkomme.

»Morgen, Lina. Das ist vielleicht ein blödes Wetter, was?!«

Ich nicke.

»Warum bist du denn nicht im Bett geblieben? Sonst nörgelst du immer, wenn du aufstehen musst. Jetzt hast du Ferien und das Wetter ist so richtig scheußlich, und du stehst um kurz nach acht Uhr bereits fertig angezogen in der Küche.«

»Ich will zu Flo«, erkläre ich, während ich mir eine Scheibe Toast aus dem kleinen Weidekörbchen auf dem Küchentisch nehme.

Mama macht große Augen. »Bei diesem Wetter? Lina, es gießt seit Stunden, und laut Wettervorhersage soll es den ganzen Tag so bleiben.«

»Ich habe auch nicht vor, mit Flo rauszugehen. Ich möchte ihn ordentlich putzen und dann seine Box sauber machen«, antworte ich.

»Soso«, macht Mama. »Und wie willst du zum Hof der Holtensens kommen? Papa ist schon früh in die Firma gefahren, und ich möchte es mir, ehrlich gesagt, noch ein bisschen gemütlich machen.«

»Kein Problem, ich fahre mit dem Rad.«

Wenig später krame ich meine Regenjacke und die Gummistiefel aus dem Garderobenschrank in der Diele hervor, und schon bin ich auf dem Weg zur Haustür.

»Lina, du wirst pitschnass sein, wenn du bei den Holtensens ankommst.«

»Ich bin ein Pferdemädchen, Mama!« Ich finde, das erklärt einfach alles.

Flo wiehert leise, als ich den Stall betrete, und mein Herz macht vor Freude einen kleinen Hüpfer.

»Guten Morgen, du feiner Junge. Freust du dich etwa, mich zu sehen?«

Tatsächlich streckt er mir seine Nase entgegen, die ich sanft tätschele. Doch schnell begreife ich, was Flo wirklich von mir möchte. Er verlangt nach seiner Leckerei, die er jedes Mal zur Begrüßung von mir bekommt.

Ich gebe ihm eine Möhre und ein Leckerli, bevor ich mich aus meiner nassen Regenjacke pelle und sie an einem Querbalken im Stall zum Trocknen aufhänge. Auch meine Hose ist an den Oberschenkeln und Knien ziemlich nass geworden, doch im Stall ist es schön warm, und bestimmt wird alles schnell trocknen.

Ganz brav lässt sich Flo das Halfter anlegen und erduldet meine Hand, die behutsam erst das linke Ohr, dann das rechte von der Spitze nach unten verlaufend massiert.

Wow, was für ein Fortschritt, freue ich mich. Flo wird von Tag zu Tag zutraulicher.

Ich putze ihn über eine Stunde lang, nehme mir dann noch seine Hufe vor – und stelle etwas geknickt fest, dass, egal wie oft und gründlich ich sie auch auskratze und öle, sie trotzdem immer weiter ausbrechen. Flo braucht einen Schmied. Am besten schon vorgestern!

Nur leider wird Bauer Holtensen den Schmied nicht noch mal anrufen. Aber hat Martha nicht manchmal bei den Schulpferden die Hufe selbst gefeilt? Wenn zum Beispiel der Schmied nicht gleich kommen konnte, aber bei den Barfüßern etwas vom Hufrand weggebrochen war. Dann hat sie einfach eine große Huffeile genommen und damit alles wieder glatt und rund gemacht.

Wenn ich so eine Feile hätte, dann könnte ich es doch mit Flos Hufen genauso machen, überlege ich weiter.

Zu mir hat er immerhin schon Vertrauen gefasst und wird sich bestimmt nicht so aufregen, wie er es bei dem Schmied getan hat. Vielleicht ist der eh viel zu ruppig mit ihm umgegangen, und das kann Flo nun mal nicht leiden.

Die Wetterfee spielt dann auch noch bei meinem Plan mit. Entgegen der Vorhersage hört es am späten Vormittag tatsächlich auf zu regnen. Ich meine sogar, die Sonne zwischen den grauen Wolken hindurchblinzeln zu sehen.

Beschwingt steige ich auf mein Rad und will vom Hof fahren.

»Bis morgen, Lina. Grüß bitte deine Eltern recht herzlich von mir«, ruft Frau Holtensen mir von der Haustür aus zu.

»Ich komme gleich wieder zurück, Frau Holtensen. Will nur schnell zum Hof der Bartels fahren und sie nach einer Huffeile fragen«, rutscht es mir dummerweise heraus.

Natürlich will Frau Holtensen wissen: »Wofür brauchst du denn eine Huffeile?«

Verdammt! Und nun? Die Wahrheit? Frau Holtensen wird mir einen Vogel zeigen, wenn ich gestehe, dass ich mich an Flos Hufe machen will.

Doch entweder hat sie von dem Hufschmieddrama nichts mitbekommen oder sie hat einfach großes Vertrauen in mich.

»Dafür brauchst du nicht extra loszufahren, Lina. Wir haben eine Feile im Werkzeugschuppen liegen. Warte einen Augenblick, ich hole sie dir rasch.«

Uff. Damit habe ich nun wirklich nicht gerechnet.

Zu meiner Erleichterung klingelt das Telefon im Wohnhaus der Holtensens, kaum dass mir Frau Holtensen die Feile gegeben hat. Ich nutze die Gelegenheit und laufe zurück in den Stall. Für das, was ich vorhabe, brauche ich Ruhe. Nur Flo und ich und bloß keine Hektik.

Flo schaut etwas verwirrt von seinem Heu auf, als ich an seine Box trete. Bestimmt hat er heute nicht noch mal mit mir gerechnet. Hm, aber machen sich Pferde eigentlich über so etwas Gedanken? Wohl eher nicht.

Ich lege ihm das Halfter an, belohne ihn gleich mit drei Leckerlis ... oder, besser gesagt, besteche ihn. Dann führe ich ihn auf die kleine Gasse vor seiner Box und lege ihm den Strick über den Hals. Ich habe in dem wirklich spannenden Ausbildungsbuch der bekannten Reiterin gelesen, dass Pferde, wenn sie zur Panik neigen, sich gerne mal im Strick aufhängen, indem sie

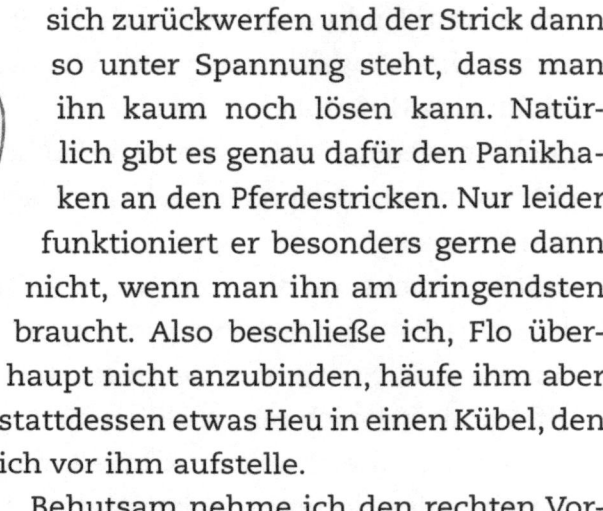

sich zurückwerfen und der Strick dann so unter Spannung steht, dass man ihn kaum noch lösen kann. Natürlich gibt es genau dafür den Panikhaken an den Pferdestricken. Nur leider funktioniert er besonders gerne dann nicht, wenn man ihn am dringendsten braucht. Also beschließe ich, Flo überhaupt nicht anzubinden, häufe ihm aber stattdessen etwas Heu in einen Kübel, den ich vor ihm aufstelle.

Behutsam nehme ich den rechten Vorderhuf hoch und säubere ihn zunächst mit dem Auskratzer. Daran ist Flo inzwischen so gewöhnt, dass er weder zuckt noch versucht, mir den Huf zu entziehen.

Ich lasse den Huf kurz wieder ab, klopfe Flo sacht den Hals und sage ihm, dass er ein ganz feiner Junge ist. Anschließend nehme ich ihn erneut auf und lege, ohne lange zu fackeln, die Feile an. Flo, der wilde Flo, der angeblich einen erfahrenen Hufschmied fast umgebracht hätte, lässt mich vollkommen entspannt gewähren. Nicht das kleinste Zucken, Wegziehen oder gar Steigen. Flo hält die ganze Zeit still. Ich gebe mir große Mühe, den Hufrand einigermaßen rund zu feilen und vor allem die herausgebrochenen Stellen wieder etwas anzugleichen.

Als ich gerade mit dem letzten Hinterhuf beschäftigt bin, kommt Bauer Holtensen in den Stall marschiert.

»Was machst du denn da, Lina? Bist du lebensmüde, oder was?!«, ruft er entgeistert.

Flo zuckt etwas zusammen. Aber nur, weil er sich genauso erschrocken hat wie ich, nicht weil er nach mir treten will. Sicherheitshalber stelle ich den Huf ab und wende mich dann zu Bauer Holtensen um.

»Ich feile Flos Hufe, weil das echt nicht mehr geht. Und er lässt es ganz artig geschehen. Kann ich jetzt bitte weitermachen?«

Ich warte erst gar nicht ab, was Bauer Holtensen antwortet, sondern nehme den Huf wieder hoch und feile ihn, wie die drei anderen zuvor, vorsichtig in Form. Als ich so weit zufrieden bin, stelle ich ihn erneut ab, gehe zu Flos Kopf und klopfe ihm lobend den Hals. »Braver Junge! So, so fein bist du.«

»Uff!«, macht Bauer Holtensen. »Lina, mir ... mir fehlen die Worte.«

Von Tag zu Tag fasst Flo nun mehr Vertrauen zu mir. Dabei bin ich bestimmt keine Ponyflüsterin, wie es Bauer Holtensen zwei-, dreimal von mir behauptet hat. Ich versuche nur, immer möglichst behutsam, aber bestimmt mit ihm umzugehen. Mir kommt es bald so vor, als ob er nach klaren Regeln verlangen würde. Außerdem scheint er es zu lieben, wenn sich bestimmte Abläufe wiederholen: Ich komme im Stall an, trete an seine Box, begrüße ihn und gebe ihm eine kleine Leckerei. Dann lege ich ihm das Halfter an und führe ihn auf die Stallgasse oder zum Anbindebalken auf den Hof. Dort putze ich ihn, säubere die Hufe, und danach unternehmen wir etwas zusammen. Mal gehe ich ein bisschen mit ihm spazieren, mal arbeiten wir an der Longe, was inzwischen richtig gut klappt. Später darf er immer noch eine ganze Weile am Strick grasen, bevor ich ihn wieder anbinde, um noch schnell seine Box frisch herzurichten. Am Ende bringe ich ihn zurück in die Box, kraule ihn noch einen Moment lang und gebe ihm sein Abschiedsleckerli.

Bauer Holtensen ist wirklich beeindruckt. »Das hätte ich nicht gedacht, Lina. Vielleicht wird ja doch noch ein gutes Pony aus ihm.«

»Flo ist schon *immer* ein gutes Pony gewesen«, gebe ich zurück. Und ja, meine Stimme klingt dabei ziemlich frech.

Doch der eigentliche Grund, warum ich all das mit Flo übe, rumort von Tag zu Tag immer schmerzlicher in mir. Am Ende werde ich mich von ihm trennen müssen. So oder so. Das ist sicher – und richtig schlimm.

Am Karfreitag beschließe ich dann, ihn zu satteln und im Schritt ein wenig im Gelände zu reiten. Klar habe ich gesagt, dass ich mich nicht allein auf Flo setzen werde. Doch inzwischen ist er so umgänglich und brav, dass ich fest davon überzeugt bin, mich nicht in Gefahr zu begeben. Alles wird gut gehen, ganz bestimmt!

Ohne Probleme zu machen, lässt sich Flo von mir den Sattel auflegen. Ich führe ihn an der Hand vom Hof und gleich über die Wiese zu einem Feldweg. Dort liegt am Rand ein großer Findling, an den ich Flo dicht heranlenke, draufsteige und so mühelos in den Sattel gelange.

Flo ist so artig, dass ich es selbst kaum fassen kann. Und darum werde ich etwas mutiger und lasse ihn antraben. Wow, sein Trab ist richtig schwungvoll. Das kenne ich von den Ponys und Pferden aus der Reitschule gar nicht und habe erst einmal ein bisschen Mühe, nicht im Sattel hoch und runter zu hüpfen. Doch nach einigen Metern gewöhne ich mich daran und kann seinen Trab richtig genießen.

Es ist unglaublich, dass dieses brave Pony angeblich all die Kinder, die es ausprobiert haben, im hohen Bogen wieder heruntergebockt haben soll. Entweder waren das allesamt blutige Anfänger oder sie haben bei Flo einfach die falschen Knöpfe gedrückt. Anders ist das kaum denkbar.

Hinter der nächsten Kurve erwartet uns eine frisch abgemähte Wiese. Perfekt für einen herrlichen Galopp.

»Wollen wir galoppieren, Flo?«, frage ich mein Pony.

Als hätte er mich verstanden, schlägt er aufgeregt mit dem Kopf. O ja, Flo will galoppieren, und wie er das will!

»Okay, das war eindeutig!«, lache ich, gebe ihm die Zügel etwas hin, und schon galoppiert Flo an.

Seine Hufe fliegen über den weichen Boden, und plötzlich ist es da: ein ganz und gar himmlisches Gefühl,

das ich bisher auf keinem anderen Pferd so verspürt habe. Mamas Ermahnungen und Bauer Holtensens Schilderungen vom wild bockenden Flo interessieren mich nicht mehr die Bohne. Ich genieße nur noch den herrlichen Galopp, lasse mich tragen und könnte vor Freude und Glück die ganze Welt umarmen.

Da passiert es. Ein Hase schreckt seitlich neben uns aus dem Gras hoch. Flo macht einen Satz zur Seite, doch es gelingt mir, im Sattel zu bleiben. Ich bin gedanklich noch ganz mit meinem Fast-Sturz beschäftigt, da beginnt Flo wie aus heiterem Himmel zu bocken. Erst geht er nur mit dem Hinterteil ein paarmal leicht hoch, was ich noch ganz gut sitzen kann. Doch dann schmeißt er sich ruckartig zur Seite und vollführt dabei die wildesten Buckler, sodass ich ein gutes Stück aus dem Sattel gehoben werde. Bevor ich es überhaupt kapiere, liege ich schon auf dem Boden.

»Aua«, jammere ich laut.

Trotzdem habe ich noch Glück gehabt, denn ich bin relativ sanft auf dem weichen Boden gelandet. Dafür habe ich mich furchtbar erschrocken. Bislang bin ich nur ein einziges Mal vom Pferd gefallen. Während des Unterrichts bei Martha, und das auch nur, weil ich den Sattelgurt nicht richtig angezogen hatte.

Aber jetzt habe ich den totalen Bock geschossen. Ich bin im Gelände vom Pferd geplumpst und war zu blöd, um die Zügel festzuhalten. Flo ist wild buckelnd weitergaloppiert, und ich darf mir überlegen, wie ich diese durch und durch unüberlegte Aktion Bauer Holtensen erklären soll.

Mist!

Doch gerade als ich zurück zum Hof stapfen will, um mein Rad zu holen, macht Flo auf der Hinterhand kehrt und kommt auf mich zu galoppiert. Ich kann es kaum fassen, aber kurz bevor er mich erreicht, bremst er ab und hält dann direkt vor meinen Füßen an. Heftig keuchend und mit aufgeblähten Nüstern sieht er mich mit einem Blick an, als wollte er sagen: »Tut mir echt leid, Lina. Ich wollte nicht, dass du runterfliegst. Aber das Galoppieren hat mir gerade so viel Spaß gemacht, da musste ich einfach ein paar Freudenhüpfer vollführen.«

Und ich stehe da, klopfe seinen Hals und kann nicht anders, als zu lachen. Ich lache und lache. Selbst dann noch, als ich mich längst wieder zurück in Flos Sattel gehievt habe und wir im gemächlichen Schritt Richtung Hof zurückreiten.

Was für ein verrücktes, wildes, wunderwunderbares Pony!

Für den nächsten Tag nehme ich mir vor, Flo dazu zu bringen, dass er auf der Koppel bleibt und nicht jedes Mal über den Zaun springt. Er braucht dringend mehr Auslauf. Das ist mir gerade noch mal so richtig bewusst geworden.

***

Am Ostersonntag darf ich dann leider nicht zu Flo in den Stall fahren. Oma Helma und Opa Günther sind zu Besuch, und Mama meint, ich könnte auch mal einen Tag lang ohne Pferdestallmief auskommen. Später kommen noch Tante Jutta und Onkel Frank mit meinem Cousin Levin, mit dem ich mich schon immer gut verstanden habe. Tatsächlich denke ich so gut wie gar nicht an Flo, sondern amüsiere mich bestens über Levins Witze – die eigentlich nie lustig sind, was das Lustige daran ist.

Am nächsten Morgen sind wir dann bei Oma Ilse und Opa Henning, Papas Eltern, zum Osterbrunch eingeladen. Es ist so gemütlich in ihrem urigen Holzhaus, dass wir viel länger als geplant bleiben und erst gegen Abend zurück in Kleeberg sind.

So kommt es, dass ich erst am Dienstag wieder zu Flo fahren kann. Während ich energisch in die Pedale trete, freue ich mich wie verrückt darauf, ihn endlich wiederzusehen. Doch als ich auf dem Hof ankomme, habe ich sofort das Gefühl, dass etwas anders ist. Eine böse Vorahnung beschleicht mich, während ich mein

Rad achtlos zu Boden sinken lasse und rüber zum Stall sprinte.

Flos Box ist leer!

Vor Schreck erstarre ich einen Moment lang. Dann aber laufe ich weiter zur Koppel – und stoppe abrupt, weil Flo auch dort nicht zu sehen ist.

»Bestimmt ist er wieder ausgebüxt«, murmele ich. Verdammt, dabei habe ich Bauer Holtensen doch extra gebeten, ihn nicht auf die Koppel zu lassen. Ich will das doch erst noch mit ihm üben.

Ich beschließe, mich auf mein Rad zu schwingen und in der Feldmark nach ihm zu suchen. Da öffnet sich die Haustür des großen Bauernhauses.

»Ach, Lina, wie schön, dass du noch mal gekommen bist. Ich habe nämlich noch eine Kleinigkeit zu Ostern für dich«, sagt Frau Holtensen und lächelt mich freudig an.

»Noch mal …?«, wispere ich. »Warum sagen Sie noch mal?«

Bevor sie mir antworten kann, drängt sich Bauer Holtensen an ihr vorbei. »Tja, Lina, das war jetzt eine ganz spontane Aktion. Ich hätte dir gerne Bescheid gegeben, aber bei euch daheim ist leider niemand ans Telefon gegangen.«

»Was …«, keuche ich, »… ist mit Flo?«

Bauer Holtensen legt mir seine schwere Hand auf die Schulter und drückt sie ein wenig. »Dank deiner Hilfe konnte ich ihn verkaufen.«

»Nein!«, krächze ich. »Sagen Sie bitte, dass das nicht wahr ist?!«

Bauer Holtensens Hand auf meiner Schulter ist auf einmal so schwer, dass ich nicht länger aufrecht stehen kann. Vielleicht ist es aber auch der Schock, der mich regelrecht in die Knie zwingt.

»Himmel, Lina, was ist mit dir? Ist dir schwindelig geworden?«

Ich winke ab. »Ich muss mich nur kurz mal hinsetzen. Gleich geht es wieder. Bestimmt«, höre ich eine Stimme krächzen, die unmöglich meine sein kann.

»Ich habe ja nicht geahnt, dass dich das so treffen würde. Ich dachte, du freust dich, wenn sich jemand für Flo findet, bei dem er es gut hat.«

Ich kann nur schwach mit den Schultern zucken, während ich mich langsam wieder aufrappele.

»Wir hatten am Sonntag Kaffeebesuch von guten Freunden. Stella, das ist die zehnjährige Enkelin unserer Freunde, war auch mit dabei und hat gleich Gefallen an Flo gefunden. Stella besitzt selbst ein Pony, und das hatte bisher Gesellschaft von einem Haflinger. Nun sind die Besitzer des Haflingers leider weggezogen und haben ihn natürlich mitgenommen. Seitdem ist Stellas Pony todunglücklich, weil es sich nach Gesellschaft sehnt. Am Montag ist Stella dann noch mal mit ihren Eltern wiedergekommen, und auch denen hat Flo so gut gefallen, dass sie ihn tatsächlich gekauft haben. Stellas Vater ist gleich losgefahren, um den Pferdeanhänger von zu Hause zu holen, und so konnte Flo noch am selben Tag in sein neues Zuhause umziehen.«

»Er ist weg ... ganz weg ... für immer?«, wispere ich.

Bauer Holtensen nickt. »Ja, Lina. Flo hat dank deiner Hilfe am Ende doch noch ein gutes Zuhause gefunden. Stella kennt sich bestens mit Ponys aus, und auch ihre Eltern sind erfahrene Pferdeleute. Trotzdem hätte ich nie gewagt, ihnen Flo anzubieten, wenn du ihn nicht so gut erzogen hättest.«

Frau Holtensen ist an die Seite ihres Mannes getreten und gibt mir ein kleines Paket, das in buntes Osterpapier eingeschlagen ist.

»Ein Dankeschön von uns, Lina.«

»Ich soll dir auch ganz liebe Grüße von Stella ausrichten. Sie wohnt nicht weit entfernt, nur zwei Dörfer weiter, und hat gemeint, dass du Flo jederzeit besuchen kannst«, fügt Bauer Holtensen noch hinzu.

»Danke«, murmele ich, nehme das Paket, klemme es auf meinen Gepäckträger und radele davon.

Flo hat ein gutes Zuhause gefunden, geht es mir unentwegt durch den Kopf. Und er hat endlich Pferdegesellschaft. Es geht ihm richtig gut, und das ist doch das Allerwichtigste.

Und warum fühlte sich mein Herz dann wie zersprengt an und mein Magen wie ein einziger schmerzlicher Klumpen?

Wenn der Abschiedsschmerz von Rico wie ein Feuer in mir gebrannt hat, so prasselt und knarzt jetzt ein Großfeuer in mir. Nachdem ich zwei Tage und Nächte mehr oder weniger durchgeheult habe, vergleicht Anton mich mit einem Zombie. Ich nehme es ihm nicht übel, denn ganz genauso fühle ich mich auch.

Donnerstag ist der erste Schultag nach den Osterferien. Ich sitze am Frühstückstisch und knabbere lustlos an meinem Marmeladentoast herum.

»Lina, Mäuschen, aber dir war doch bewusst, dass du dich nur während der Osterferien um das Pony kümmern kannst. Und dass es jetzt ein großartiges neues Zuhause gefunden hat, ist doch prima und kein Grund, traurig zu sein.«

»Nichts ist prima!«, rufe ich und springe so abrupt vom Tisch auf, dass mein Stuhl nach hinten kippt.

Anton stößt vor Schreck sein Glas um, und der Orangensaft verteilt sich über den halben Tisch. Einiges davon tropft auf den Fußboden. Meinem kleinen Bruder ist das so unangenehm, dass er die Ellbogen auf den Tisch aufstützt und das Gesicht in seinen Händen vergräbt.

»Lina, verdammt, jetzt ist aber wirklich Schluss«, schimpft Mama, während sie mit ganz vielen Kleenextüchern das Chaos auf dem Tisch zu beseitigen versucht.

»Das … das wollte ich nicht«, rufe ich verzweifelt und stürme aus der Küche.

Mama hat recht. Genauso wie Frau und Herr Holtensen. Das Wichtigste ist schließlich, dass Flo endlich ein schönes Zuhause gefunden hat. Und deshalb sollte ich mich gefälligst auch freuen. Für Flo und, ja, auch für diese Stella, die ein verdammtes Glück hat, jetzt auch noch so ein tolles Pony wie Flo zu besitzen. Nur leider bin ich viel zu traurig, um mich über irgendetwas freuen zu können.

Der Schulvormittag zieht sich wie Kaugummi. Eigentlich gehe ich gern zur Schule, aber heute finde ich alles nur schrecklich. Ganz besonders die Zwillinge Jette und Lisa, die begeistert von ihren Osterferien auf dem Ponyhof erzählen.

»Was bist du denn die ganze Zeit so muffig?«, fragt mich Selma in der großen Pause. »Und wie du Jette und Lisa vorhin angemotzt hast, fand ich, ehrlich gesagt, auch nicht besonders nett.«

Ich könnte ihr von Flo erzählen, und bestimmt würde Selma mich verstehen – auch wenn sie mir neulich erklärt hat, dass sie um nichts in der Welt ein eigenes Pony haben will. Doch Flo … nun ja, das freche Fuchspony geht nur mich etwas an. Auch der Kummer. So ist das.

Mama hat heute nur vier Unterrichtsstunden und deshalb Anton ausnahmsweise vom Kindergarten abgeholt. Sie lächelt mich lieb an, als ich mich zu Anton und ihr an den gedeckten Mittagstisch setze.

»Wegen heute Morgen, Lina, ich wollte dich nicht so anfahren. Tut mir leid.«

Ich schlucke schwer. Bloß nicht wieder weinen, Lina.

»Und ich wollte nicht so zickig sein«, wispere ich. Dann wende ich mich an meinen kleinen Bruder, der mich mit großen blauen Augen ziemlich besorgt anguckt. »Und dass dein Saftglas umgekippt ist, das wollte ich auch nicht, Anton.«

In Antons Gesicht geht regelrecht die Sonne auf. »Dann bist du jetzt nicht mehr traurig?«, fragt er hoffnungsvoll.

Ich seufze tief. »Hm, schön wäre es ... Aber ich verspreche, dass ich mich zusammenreiße und nicht länger wie ein Zombie durch die Gegend laufe. Okay?!«

Anton nickt. »Okay, du ... Zombie«, sagt er und bricht in sein typisches Antonlachen aus.

»Das passt gut, Lina«, meint Mama. »Mit einem *Zombiemädchen* würde ich nämlich nachher nicht gern zu den Hansens fahren.«

Ich verstehe kein Wort. »Welche Hansens?«

»Das sind die Leute, die Flo gekauft haben.«

Ich schnappe nach Luft. »Und ... und zu ... zu denen fahren wir? Ich meine, ich ... ich darf Flo besuchen? Heute?«

Mama nickt. Und ich springe jubelnd von meinem Platz auf.

Anton erschreckt sich, stößt sein Saftglas um und motzt: »Manometer, schon wieder, du Zombie.«

Ich bin mir sicher, dass ich Stella kotzgründoof finden werde. Immerhin hat sie mir meinen Flo weggenommen und kann deshalb nur kotzgründoof sein. Doch als sie dann auf einmal vor mir steht und mich so herzlich begrüßt, da fällt es mir schwer, super zickig zu ihr zu sein.

»Lina, ich freue mich wie Brausepulver, dass du da bist«, ruft sie und umarmt mich.

»Hallo«, gebe ich recht einsilbig zurück. Vor allem, weil ich von ihrer Herzlichkeit ganz schön überfordert bin.

Frau Hansen ist die erwachsene Ausgabe von Stella: dunkle glatte Haare, die zum Zopf zusammengefasst sind, blaue Augen und auf dem Nasenrücken und den Wangen unzählige Sommersprossen. Sie lädt Mama und Anton zu selbst gebackenem Kuchen auf die Terrasse ein, während Stella mich schon einmal um das große Wohnhaus herumzieht.

Dabei plappert sie, als würden wir uns schon tausend Jahre kennen und wären beste Freundinnen. Ich bleibe wortkarg, was Stella aber gar nicht auffällt, weil sie ja die ganze Zeit redet.

Hinter dem Haus ist eine riesige Weide, die mit strahlend weißen Pfosten und Planken eingezäunt ist. Zur linken Seite befindet sich ein großer Offenstall, ebenfalls weiß getüncht. Alles sieht sehr gepflegt und ordentlich aus. Doch der schönste Anblick für mich sind die beiden Ponys, die friedlich Seite an Seite grasen.

»Flo«, sage ich leise und bleibe stehen. »Wie … wie zufrieden er aussieht!« Wenn er mal bei Bauer Holtensen auf die Koppel geführt wurde, hat Flo kaum länger als ein paar Sekunden nur dagestanden und gegrast. Stattdessen ist er am Zaun entlang hin- und hergaloppiert oder einfach drüber hinweggesprungen.

Vertraut hakt Stella sich bei mir unter. »Carlos ist soooo glücklich, seitdem Flo bei uns ist. Die beiden verstehen sich prächtig.«

»So sehen sie auch wirklich aus«, muss ich zugeben.

Flo scheint meine Stimme gehört zu haben, denn er hebt den Kopf und sieht zu uns herüber. Als er mir tatsächlich zuwiehert, schlägt mein Herz einen Tusch.

»Er hat dich erkannt, Lina«, staunt Stella freudig. »Wie cool ist das denn?!«

Ich will sie fragen, ob es sie denn gar nicht stört. Ich an ihrer Stelle wäre jetzt womöglich eifersüchtig. Doch viel dringender will ich jetzt zu Flo, um ihn zu kraulen und mit seinen Lieblingsleckerlis zu verwöhnen.

»Darf ich auf die Koppel gehen?«, frage ich Stella, die daraufhin wild nickt.

»Logisch. Du musst mich doch nicht fragen.«

Und dann habe ich auch schon meine Arme um Flos Hals geschlungen und meine Wange fest an sein von der Sonne ganz warmes Fell geschmiegt.

»Flo, mein lieber Junge. Wie ich dich vermisst habe …«

Flo grummelt leise, als ob er etwas erwidern wollte. Vielleicht ja, dass er mich ebenso schmerzlich vermisst hat. Aber wenn ich ganz ehrlich bin, dann hat Flo es hier tausendmal besser als bei Bauer Holtensen. Das ist mir schon nach wenigen Augenblicken klar geworden.

»Wollen wir vielleicht zusammen ausreiten?!«, schlägt Stella vor.

Nichts lieber als das, aber …

»Ist dir das denn auch ganz sicher recht? Ich meine, wenn ich Flo reite?«

Stella guckt mich verständnislos an. »Warum sollte es mir denn nicht recht sein?«

»Weil … weil Flo jetzt dein Pony ist und …« Nicht mehr meins, wäre es mir fast herausgerutscht. Aber mein Pony ist er ja nie gewesen. Leider.

»Ich habe auch gar keine Reitsachen mit …«

»Kein Problem«, ruft Stella und klatscht vorfreudig in die Hände. »Wir haben dieselbe Größe, also bekommst du alles von mir.«

»Echt?«

»Hey, ich freue mich doch schon auf dich, seit deine Mama hier angerufen hat.«

»Sie hat bei euch angerufen?«

»Ja, weil du so traurig wegen Flo bist und sie fragen wollte, ob du ihn vielleicht besuchen kommen könntest.«

Oje und ich bin die ganze Zeit so motzig zu Mama gewesen.

»So, und nun flitzen wir ins Haus und ziehen uns unsere Reitsachen an.«

»Deine«, verbessere ich sie.

Stella grinst. »Deins, meins, ist doch egal. Hauptsache, die Ponys und wir haben Spaß.«

Seite an Seite reiten wir einen wunderschönen Waldweg entlang. Flo ist so artig und auch sichtbar zufrieden. Für die paar Tage, die er erst hier bei Stella und ihrem süßen Schecken Carlos ist, hat er sich wirklich gut eingelebt.

»Weißt du, Lina, so habe ich mir das immer vorgestellt«, sagt Stella und strahlt mich glücklich an.

»Was genau meinst du?«

»Na ja, wie das so ist, wenn ich eine richtige Pferdefreundin hätte. Eine, mit der ich über die Ponys quatschen kann. Die mit mir an Regentagen stundenlang im Stall herumlungert, wo wir erst die Ponys ausgiebig putzen und dann das Lederzeug einfetten und polieren. Mit der ich bei Sonnenschein zum See reite, wo wir mit unseren Ponys baden und so viel Spaß haben, wie man es allein nun mal nicht haben kann.«

Mit großen Augen sehe ich sie an. »Bist du denn bisher allein gewesen?«

Stella nickt. »Ich habe Carlos schon immer bei uns daheim gehabt, was ich natürlich total schön finde. Aber dadurch hatte ich nie richtig Kontakt zu den Kindern in den Reitställen. Als ich dann gehört habe, dass zu Flo ein Mädchen gehört, da habe ich so sehr gehofft, dass du nett bist. Und was soll ich sagen, ich wurde nicht enttäuscht: Du bist sogar supersupernett!«

Ich weiß nicht so recht, was ich darauf erwidern soll. Stella trägt das Herz auf der Zunge und spricht aus, was ihr gerade so durch den Kopf geht. Ich tue mich damit eindeutig schwerer.

»Und du, Lina, wie ist es bei dir, findest du mich auch nett?«

»Ja«, sage ich einfach. »Sogar sehr, sehr nett.« Und das fällt mir dann doch kein bisschen schwer, weil es die Wahrheit ist.

»Juchuuuu!«, freut sich Stella. Dann lacht sie, und ich lache mit, so lange, bis wir beide Seitenstechen bekommen.

Zum Abschied umarmen Stella und ich uns wie allerbeste Freundinnen, die sich seit Ewigkeiten kennen.

»Wann kommst du wieder, Lina?«

»Soll ich denn? Ich meine, möchtest du Flo wirklich nicht für dich allein haben?«

»Nein. Bestimmt nicht«, versichert Stella mir. »Flo ist doch auch irgendwie dein Pony. Das hat er vorhin deutlich gezeigt, als er dir so freudig zugewiehert hat. Außerdem habe ich doch meinen Carlos. Und zu zweit reiten und all den ganzen Pferdemädchenkram machen, ist sowieso tausendmal schöner. Also, sag schon, kannst du vielleicht gleich morgen?«

Ich sehe zu Mama. »Darf ich?«, frage ich hoffnungsvoll.

Und Mama nickt. »Aber erst werden Schularbeiten gemacht.«

Wow. Ich kann mein Glück kaum fassen: Meine Zeit mit Flo ist noch längst nicht vorbei, sie fängt gerade erst so richtig an!

**Antje Szillat** begann bereits mit acht Jahren, Geschichten zu schreiben. Von diesem Zeitpunkt an war es ihr größter Wunsch, Schriftstellerin zu werden. Heute schreibt die gebürtige Hannoveranerin sehr erfolgreich Bücher für Kinder, Jugendliche und Erwachsene. Ihre Buchfigur »Rick« und die Detektivabenteuer rund um das Stinktier »Flätscher« sind Bestseller. Bei HarperCollins ist ihr beliebter kleiner Lindwurm »Darius Dreizack« erschienen. Antje Szillats Bücher sind in über 20 Sprachen übersetzt worden und mehrfach ausgezeichnet, unter anderem von der Deutschen Akademie für Kinder- und Jugendliteratur, dem Familienministerium Rheinland-Pfalz sowie mit dem Leipziger Lesekompass.

**Jutta Berend** wurde 1988 in Oldenburg geboren und wuchs in Leer (Ostfriesland) auf. Nach ihrem Abitur arbeitete sie zunächst zwei Jahre am Thalia Theater Hamburg in der Requisite. Über einen kleinen Umweg in die Werbebranche fand sie schließlich zu ihrem Traumberuf und arbeitet heute als freiberufliche Illustratorin für Kinderbücher. Jutta Berend reitet zwar nicht selbst, kümmert sich aber liebevoll um ihr Pflege-Islandpferd.

# Seid gespannt auf Linas neues Abenteuer

Antje Szillat
Lina und das große Wettreiten
ISBN 978-3-505-15072-2
Erscheint am 27.12.2022